퇴근을
앞당기는
문제해결의 힘

4차 산업혁명 시대를 맞이하는
직장인의 핵심 역량 '문제해결 능력'

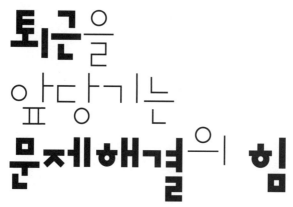

퇴근을 앞당기는 문제해결의 힘

최오성 지음

피플벨류HS

프롤로그

　나는 2007년 직장생활을 그만두고 컨설팅 회사로 자리를 옮겨 많은 프로젝트를 수행하였다. 국내 대기업을 대상으로 교육 체계 수립, IDP_{Individual Development Program} 제도 수립, 조직 문화 개선 등 다양한 과제를 해결하기 위해 끊임없이 고민하고 연구하였다. 또한 기업은 물론이고 법무부, 고용노동부, 중소기업청 등 정부 산하기관과도 함께 프로젝트를 진행해 보았다. 새로운 프로젝트를 접할 때마다 '이걸 어떻게 해야 하지?'라는 걱정도 있었지만 '이 정도는 충분히 해낼 수 있어.'라는 자신감이 더 컸었다. 사실 대부분의 프로젝트는 규모와 성격의 차이만 있을 뿐 대체적으로 이미 기업체에서 근무할 때 경험한 것들이었다.

그렇게 많은 프로젝트를 경험하면서 효율적인 프로세스와 노하우가 축적되고 예리한 통찰력까지 얻게 됐다.

그리고 내가 오랜 시간 걸려 얻은 것들을 더 많은 이들이 빨리 현장에서 익힐 수 있도록 도움이 되고자 많은 기업체를 대상으로 기획 및 문제해결에 관해 강의를 했고, 액션러닝Action Learning의 조력자Facilitator로 조직의 과제해결을 직접 지도했다. 그 과정에서 참고 서적으로 다양한 기획 및 문제해결 관련 책들을 찾아 읽었는데, 저자들이 과연 실무 경험을 토대로 글을 쓴 것인지 의구심이 들기 시작했다. 책에 제시되는 사례나 프로세스들은 현장감이 떨어졌으며 어떤 것들은 지나치게 관념적이고 철학적이기까지 해서 비즈니스 현장에서 활용하기 어려워보였다. 이 책은 이러한 나의 실망이 독자들의 실망과 크게 다르지 않을 것이라는 가정에서 시작하였다. 지난 20여 년간 기업체에서의 근무 경험과 컨설턴트로 고객들을 대상으로 프로젝트를 수행하면서 업무 수행 담당자가 일을 할 때

무슨 고민을 하게 되는가 현장감 있는 내용을 남기고 싶었다. 그리고 조직에 몸담고 성과를 창출해야 하는 구성원들에게 조금이나마 도움이 되고 싶었다.

- 당장 책을 처음부터 끝까지 모두 다 읽기 부담된다면, 자신이 일을 하면서 부딪치는 장면과 관련된 해당 내용만 먼저 보아도 된다. 직장인들이 해결해야 할 과제나 문제를 풀어나갈 때 만나게 될 총 20개를 주제별로 나누어두었으니 답을 얻고 싶은 주제 부분의 내용부터 찾아서 봐도 된다.

- 당장 의문이나 궁금한 점이 없다면 가급적 순서대로 읽어보길 추천한다. 직장인이 해결해야 할 문제나 과제를 해결해 나가는 절차와 그 절차에서 고민해야 할 접근법을 시간의 흐름에 따라 기술하였으므로 시간적 여유가 있다면 순서대로 읽어보는 것이 전체 흐름을 이해하는 데 도움이 될 것이다.

- 20개의 주제 대해 사례를 넣어 이해하기 쉽도록 구성했다. 단순한 개념의 설명과 나열은 인터넷 검색을 통해서 충분히 습득할 수 있다. 문제는 그 개념이 직장생활과 실생활에서 어떻게 연결되며 접목될 수 있을 것인가이다. 사례를 읽어보며 자신의 문제와 과제에 적용할 시사점을 찾기를 바란다.

차례

4차 산업시대,
문제해결 역량이 답이다

#4차_산업혁명 #인공지능 #AI #문제해결 #창의적_아이디어 #직장인_역량

Ask In

2017년 한국고용정보원은 흥미로운 연구결과를 발표하였다. 바로 우리나라 주요 400여 개 직업 중 인공지능 시대에 살아남을 확률이 낮은 직업과 살아남을 확률이 높은 직업에 대한 연구이다. 한국고용정보원의 발표를 보면 인공지능 시대에 살아남을 확률이 낮은 직업은 1위가 콘크리트공, 2위가 정육 및 도축원, 3위가 고무 및 플라스틱 제품 조립원이다. 4위는 청원경찰, 5위가 조세행정 사무원, 6위가 물품이동장비 조작원, 7위가 경리 사무원, 8위가 환경미화원, 9위가 세탁 관련 직업, 10위가 택배원이다. 반면 살아남을 확률이 높은 직업은 1위가 화가나 조각가, 2위가 사진작가, 3위가 작가이다. 4위는 지휘자나 작곡가, 5위 애니메이터 및 만화가, 6위 무용 및 안무가, 7위 가수, 8위 메이크업 아티스트, 9위 공예원, 10위는 예능 관련 강사이다. 살아남을 확률이 낮은 직업은 단순 반복적이고, 상대적으로 정교함이 떨어지는 작업들이며 사람들과의 교감이나 소통이 그리 많지 않은 것이다. 반면 살아남을 확률이 높은 직업은 감성에 기초한 예술 관련 직종이거나 창의적인 지능을 이용하며 협상과 설득이 요구되는 것이다.

Solution

최근 가장 활발한 논의의 대상이 되고 있는 키워드를 하나만 뽑으라면 바로 4차 산업혁명일 것이다. 그리고 4차

01 4차 산업시대, 문제해결 역량이 답이다

산업혁명 시대에 대해 많은 사람들이 가장 먼저 떠올리는 것 중 하나가 바로 인공지능, AI이다. 그러다 보니 국책연구기관인 한국고용정보원에서도 인공지능 시대에 살아남을 확률이 낮은 직업과 높은 직업에 대한 연구를 했던 것 같다. 세계경제포럼의 회장인 클라우스 슈밥은 "4차 산업혁명은 3차 산업혁명을 기반으로 한 디지털과 바이오산업, 물리학 등 3개 분야의 융합된 기술들이 경제체제와 사회구조를 변화시키는 기술변화"라고 말한다. 인류는 그동안 철도·증기기관의 발명과 더불어 기계에 의한 생산체제로 전환된 1차 산업혁명 이후, 전기의 발견과 대량 생산 체계가 구축된 2차 산업혁명 시대에 이어 PC와 인터넷 발달을 통한 정보기술 시대인 3차 산업혁명을 경험하였다. 그리고 3차 산업혁명의 기술을 바탕으로 하는 4차 산업혁명은 정보통신기술을 통해 보다 지능화된 사회로 변화할 것으로 예측되고 있다.

정보통신기술을 통해 지능화된 미래 사회에서는 단순

반복적이고 정교함이 떨어지는 작업 그리고 사람들과의 교감이나 소통이 많지 않은 직업은 퇴보한다는 것이 한국 고용정보원의 분석이다. 이러한 일자리들은 인공지능을 탑재한 기계들로 대체된다는 것이다. 대신 인공지능과 자동화 기술로 대체할 수 없는 인간 고유의 능력은 부각되고 이에 따른 기업 전반의 환경 변화는 분명한 것으로 보인다. 이런 관점에서 세계경제포럼이 발표한 2020년 직장인들이 가져야 할 역량 Top 10은 의미 있게 다가올 수밖에 없을 것이다. 세계경제포럼이 발표한 2020년 직장인들이 가져야 하는 역량을 보면 1위가 복합적 문제해결 능력이고, 2위가 비판적 사고이며, 3위가 창의성이다. 4위는 인적자원 관리 역량, 5위는 대인관계 역량, 6위가 감성지능, 7위가 결정력, 8위가 방향 설정 역량, 9위가 협상력, 마지막 10위가 융통성이다. 문제해결과 관련된 역량이 1위부터 3위까지를 차지하고 있다. 다양하고 복잡한 문제를 잘 풀어나가려면 정확성이나 타당성은 물론이고 가치를 판단하기 위해 어떤 주장이나 신념, 정보의 출처를 정밀

하고 객관적으로 분석하는 비판적 사고가 필요하다. 그리고 비범한 문제해결 대안을 도출하려면 창의성도 요구되는 역량이다.

　우리나라에서도 유사한 조사가 시행된 바 있다. 국내 온라인 조사회사 PMI가 20세에서 59세 남녀 2,449명을 대상으로 한 조사에 따르면 4차 산업혁명 시대에 필요하다고 생각되는 역량으로 역시 문제해결이 뽑혔다. 헤럴드경제가 2017년 8월 15일자에 보도한 본 조사 결과에 따르면 창의력이 37.8%로 가장 높게 나타났고, 복합적인 문제해결 능력이 31.3%로 2위를 차지했다. 세계경제포럼의 발표와 큰 차이가 없다. 4차 산업혁명 시대를 맞아 지식의 습득과 정답 찾기에 익숙한 인재가 아니라 주변에 널려있는 정보를 수집·분석하여 주어진 문제를 스스로 해결해 나가고, 그 과정 속에서 창의적인 아이디어를 생성해 내는 역량의 중요성이 대두되고 있다는 데 공감을 표한 것이라 볼 수 있다.

실제 국내 선진 기업들은 핵심 인재나 리더들을 선발하고, 그들에게 회사의 주요 현안과 관련된 도전적 해결 과제를 부여해 정해진 기한까지 창의적 해결 방안을 도출해 제시하는 교육 프로그램을 실시하고 있다. 선발된 핵심 인재나 리더들은 문제해결 학습 팀을 구성하여 각자 자신의 팀이 부여받은 도전적 과제를 해결해 가면서 상호 질문, 피드백, 성찰을 통해 과제의 내용과 문제해결 과정을 학습하게 된다. 각기 다른 직무, 다른 부서에서 근무하는 인원들로 구성된 이들 문제해결 학습 팀은 각자 자신들의 전문성을 바탕으로 상호 토론과 논쟁을 하고, 필요한 경우 외부 전문가의 조언을 구하거나 벤치마킹을 통해 좀 더 나은 해결 대안을 찾으려고 노력한다. 그러면서 평소 현업에서 경험하지 못했던 다양한 문제해결 역량을 기르게 되는 것이다. 그리고 이들은 교육 이후 업무 현장에서 다양한 비정형적인 문제 장면에 맞닥뜨렸을 때 교육에서 체험하고 느꼈던 바를 적용하며 헤쳐 나가게 되는 것이다.

Summary

　4차 산업혁명이라는 시대적 변화의 물결이 몰려오는 것은 틀림없어 보인다. 그리고 그 시대적 변화의 물결이 가져올 결과에 대해서는 긍·부정적 평가가 엇갈리고 있는 것도 사실이다. 기술적 진보가 인공지능 기계로 대체되어 인간의 일자리를 빼앗아 갈 것이라는 예측과 오히려 기술적 진보로 더 많은 새 일자리가 창출될 것이라는 예측, 인간의 삶이 황폐해질 것이라는 것과 풍요롭고 편리해질 것이라는 예측 등 희망과 우려의 목소리가 함께 들리고 있다. 하지만 인공지능 기계로 대체되더라도 창의적 문제해결 능력을 갖춘 인간은 대체될 수 없다는 것은 확실해 보인다.

4차 산업시대, 문제해결 역량이 답이다

- 4차 산업혁명은 3차 산업혁명을 기반으로 한 디지털, 바이오, 물리학 등 3개 분야의 융합된 기술들이 경제체제와 사회구조를 변화시키는 기술변화를 말하는 것

- 지능화된 미래 사회는 정교화가 떨어지는 단순 반복 작업과 교감 및 소통이 부족한 직업군은 점점 퇴보하게 될 것이며 인간 고유의 능력이 강조됨

- 세계경제포럼 등 여러 기관에서 미래에 필요한 역량 중 가장 주목한 것은 바로 '복합적 문제해결 능력'

- 4차 산업시대는 지식의 습득과 정답 찾기에 익숙한 인재가 아닌 주어진 문제를 스스로 해결하고 창의적 아이디어를 생성하는 인재를 필요로 함

문제,
제대로 인식하자

#문제의식 #As-Is #To-Be #대구_방천시장 #개선_의지

Ask In

반도체 및 반도체 장비 관련 업계에서 경영 성과를 나타내고 있는 국내의 A사. 1999년 설립되어 코스피에 상장도 하였고, 국내 대기업들과 파트너십을 가지고 일하며 매출도 꾸준히 증가하고 있다. 그런데 서울 강남 지역에 위치한 이 회사의 출근 시간은 오전 9시 30분이다. 대부분의 공기업이나 공기관은 출근 시간이 9시이다. 민간기업도 9시 출근인 회사가 꽤 있다. 하지만 9시를 기준으로 해도 출근이 늦고, 일부 국내 기업들의 출근 시간인 8시 30분과 비교하면 한 시간이 늦은 편이다. 민간기업의 경우 8시에 출근하거나, 빠른 경우 7시에 출근하는 회사도 있다. 왜 A사는 9시 출근하는 회사보다 30분이나 늦게 출근하도록 한 것일까?

A사는 반도체와 반도체 관련 장비를 제작하여 판매하는 업종의 특성상 전체 구성원들 중 엔지니어가 많은 편이다. 또한 엔지니어들의 퇴근이 많이 늦어 11시 퇴근이 일상적이라고 한다. 늦을 경우 밤 12시에 퇴근하는 경우도 꽤 있다. A사의 팀장이나 임원들은 엔지니어들의 업무 특성상 야근이 많다는 것을 고려하여 출근 시간을 기존의 오전 9시에서 오전 9시 30분으로 30분 늦추어 엔지니어들을 배려한 것이다.

당신은 A사가 취한 30분 늦게 출근이라는 조치에 대해 어떻게 생각하는가? 이것은 적절한 조치인가? 만약 당신이 이 회사의 임원이라면 어떤 조치를 취할 것 같은가?
A사 팀장과 임원들의 문제 인식에 대해서 당신은 어떻게
생각하는가?

Solution

　문제의식이란, '이것이 문제이니 해결해야겠구나.'라
고 느끼는 것이다. 따라서 어떠한 특정 사안에 대해 큰 문
제가 아니라고 생각하여 해결의 필요성을 느끼지 못한다
면 문제의식이 낮다고 말할 수 있다. 어떤 상태를 문제라
고 느끼고 해결의 필요성을 인식해야 한다면, 문제란 또
무엇인가를 정의해 보아야 한다. 문제란, 현재의 상태인
As-Is와 요구되는 상태인 To-Be 사이의 차이이다. 매출
이 하루 100만 원은 나와야 고정비용을 제외하고 어느 정
도의 수익을 바랄 수 있지만 현재 하루 매출이 70만 원이
라면 그 차이인 '매출목표 대비 30만 원 부족'이 바로 문제
가 된다. 산술적으로 표현하면 To-Be에서 As-Is를 뺀 것

이다. 문제인지 아닌지는 해당 문제의 주체가 상태를 차이$_{Gap}$, 즉 문제로 인식하고 있는지 아닌지에 달려있다. 만약 이 차이가 인식되지 않는다면 그것은 문제로 파악되지 않았다는 것을 의미한다. 결국 문제 인식이란 To-Be와 As-Is 사이에 존재하는 차이를 인식하고 해결해야겠다고 느끼는 것이다.

앞에서 제시된 반도체와 반도체 관련 장비를 제조·판매하는 A사의 사례로 다시 돌아가 보자. A사 팀장들과 임원들이 저녁 6시에 퇴근하는 것이 정상적이라고 판단하고 있다면, 현재 엔지니어들이 저녁 11시가 넘어서 퇴근하고 있는 상황은 큰 문제가 될 것이다. 왜냐하면 To-Be는 6시 퇴근이지만 As-Is는 11시 퇴근이므로 차이가 5시간이나 되기 때문이다. 5시간은 일일 정규 근무시간인 8시간의 절반이 넘는 것으로, 정규 근무시간의 60%나 더 근무를 하고 있는 것이다. 이를 달리 환산하면 A사 엔지니어들은 하루 24시간 중 14시간 정도를 회사에서 생활한다

02 문제, 제대로 인식하자

는 것이다. 하지만 직장인들이 6시에 정시 퇴근하는 것은 현실적으로 불가능하며, 엔지니어들은 밤늦게 일하는 습성이 있다고 규정하면 As-Is가 곧 To-Be와 같아지게 된다. As-Is와 To-Be 사이에 큰 차이가 없다면 굳이 자원을 투입하여 해결할 필요가 없는 사안이 되는 것이다. 과연 A사의 사례는 큰 문제가 있는 것인가 아니면 별다른 문제가 없는 것인가? A사의 이슈에 대한 시사점을 전통시장 활성화 사례에서 찾아보도록 하자.

당신은 전통시장을 찾는 경우가 많은가? 찾는다면 한 달에 몇 번 정도를 찾아가는가? 그리고 그 횟수를 대형마트와 비교한다면 비율이 어느 정도인가? 우리나라 인구의 80%는 도시에서 생활하고 있다고 한다. 도시에서 생활하는 사람들이 식료품이나 의류, 가전제품 등을 구매하기 위해 가장 많이 이용하는 유통 경로는 바로 대형마트이다. 4인 가족이 대형마트에서 쇼핑하는 장면을 상상해 보자. 한 가구당 한 대의 자동차를 보유한 시대에 걸맞게 이들 가족 또한 자가용을 타고 쇼핑을 간다. 대형마트는 넓은 주차공간을 제공하여 접근 편의성이 높다. 마트 주차장에 차를 세우고 입장을 하면 한여름에는 시원하고 한겨울에는 따뜻하다. 그래서 마트 외부 날씨가 쇼핑에 큰 영향을 주지 않는다. 가족의 일주일 치 먹을거리가 필요해도, 남편의 정장이 필요해도, 아내의 립스틱이 필요해도, 딸의 핸드크림이 필요해도, 아들의 야구글러브가 필요해도 대형마트에 가면 다 있다. 쇼핑을 하느라 출출해진 가족의 한 끼 식사는 대형마트 내에서 운영 중인 스파게티 전문점을 이용하면 된다. 맛있게 식사를 마친 가족이 쇼핑한 제품을 한가득 바구니에 담은 후에는 대한민국 성인이면 누구나 하나씩은 가지고 있는 신용카드로 결제를 하면 된다. 당장 현금이 빠져나가는 것은 눈에 보이지도 않는다. 이제 기쁜 마음으로 쇼핑한 제품들을 차에 싣고 집으로 온다. 스파게티로 배를 채웠으니 배도 부르고, 일주일 치 먹을거리도 마련했으니 마음도 부르다. 굳이 통계 수치를 뒤적거리지 않더라도 대형마트를 이용하는 이러한 사례에 공감이 갈 것이다. 이것이 도시생활자들의 삶이기 때문이다. 도시생활자들의 삶이 이렇다면, 도시에 위치하고 있는 전통시장은 어떻게 해야 하는 것일까? 도시생활자들은 삶의 패턴이 원래 그런 것이니 전통시장은 이대로 계속 살아가면 되는 것일까? 점점 방문객이 줄어들어 시장의 기능을 상실한 전통시장을 본 적이 없는가? 기능까지 상실하지는 않았지만 점점 활력을 잃어 쇠락하고 있는 전통시장을 본 적은 없는가?

대구의 방천시장도 마찬가지였다. 1945년 광복 이후 조성된 방천시장은 한때 1,000여 개의 점포가 있었던 대형 시장이었다. 하지만 시장에서 걸어서 10여 분 거리에 쇼핑과 문화생활의 중심지로 동성로가 형성되었고, 시장 인근 또 다른 곳에는 초대형 백화점이 오픈했다. 한 가구 한 대의 자가용 보유 시대에 걸어서 10여 분 거리에 쇼핑과 문화생활 중심지가 있고, 더 가까운 거리에 초대형 백화점이 생긴 것이다. 추위와 더위, 우천 등 날씨 영향을 받지 않고, 소액이라도 카드로 결제하고 정찰제라 신뢰할 수도 있다. 결국 이런 유통환경의 변화로 1,000여 개의 점포가 영업을 하던 방천시장은 2000년대 이후 70여 개의 점포만 남아 명맥만 유지하게 되었다. 대구 방천시장은 이 문제에 어떻게 대처했을까? 전통시장의 쇠락은 유통 흐름의 시대적 소명이니 그대로 소멸하게 두어 역사의 한 페이지로만 남길 것인가? 아니면 변화를 위한 변곡점을 확보해야 할 것인가? 문제의식이 필요한 것은 바로 이 지점이다.

전국의 많은 전통시장의 경우 문제 인식이 다소 늦었다는 아쉬움이 있다. 그러나 방천시장은 지방자치단체와 중앙정부 그리고 지역 대학교 등과 협력하여 이 문제를 해결하기 위해 노력하였다. 쇠락하고 있는 전통시장의 상권을 활성화하자는 대구의 프로젝트가 2010년 문화체육관광부 사업으로 선정된 것이다. 그래서 방천시장 바로 옆 350여 미터의 방천둑에 고故 김광석의 삶과 음악을 테마로 하는 '김광석 다시 그리기 길'이 조성되었다. 김광

석 관련 벽화와 조형물이 설치되었고, 조그마한 외부 공
연장에서는 그를 추모하는 공연이 열렸고, 거리에는 하루
종일 김광석의 음악이 흘러나오게 되었다. 지난 것에 대
한 추억과 아련함은 김광석과 전통시장이 가지는 공통분
모일 것이다. '김광석 다시 그리기 길'은 전통시장과 대중
예술이 함께하는 문화예술 공간으로 재탄생하게 되었으
며, 이제 방천시장의 '김광석 다시 그리기 길'은 대구를 방
문하는 관광객들이 꼭 한번은 찾아가 보는 관광명소로 알
려지게 되었다. 그리고 쇠락하는 전통시장을 활성화한 모
범사례로 널리 회자되고 있다. 방천시장은 문제를 제대
로 인식하고 이를 해결하고자 노력했으며, 문제해결의 출
발점은 활성화된 시장을 만들어야겠다는 생각이었다. 즉
방천시장은 활성화된 시장의 모습을 To-Be로 설정한 것
이다. 방천시장 상인들은 자신들의 미래는 현재와 달라야
한다고 생각한 것이다. 그러다 보니 70여 개밖에 남지 않
은 현재의 비참한 상황이 눈에 보인 것이다. 문제가 제대
로 보이는 것이다.

엔지니어들의 야근이 많아 출근 시간을 오전 9시 30분으로 설정한 A사. A사에 '우리 회사의 직원들은 늦어도 저녁 7시 정도에는 퇴근해서 가족들과 함께 저녁식사를 해야 한다'는 To-Be가 없었다면 현재의 As-Is는 제대로 파악되지 못했을 것이다. A사 입장에서는 오전 9시에 출근하지 못하는 직원들이 많이 발생하자 야근이 원인이라고 판단하고, 30분 늦은 출근이라는 해결책을 제시한 것이다.

문제를 제대로 인식하지 못하게 하는 가장 큰 저해 요인은 바로 목표, 즉 To-Be가 없는 경우이다. 왜냐하면 비교 잣대가 없기 때문이다. 기준이 없으면 기준과 비교하여 그 차이가 명확하게 나타나지 않는다. 즉 문제가 무엇인지 알 수 없게 되는 것이다. LG에서 전략기획과 사업계획, 전사혁신 업무를 담당하고 조직과 개인의 과제 해결 코칭을 하고 있는 이호철[*]은 이를 위해 경쟁사 또는 선진 우량기업과 비교할 것을 제안하고 있다. 경쟁사나 선진

----

[*] 이호철(2010), 『맥킨지식 보고대답 기술 44』, 어드북스.

우량기업보다 앞선 순위이면 경쟁사와의 차이가 축소되는 것이 문제이고, 반대로 경쟁사나 선진 우량기업이 앞선 순위이면 그 차이가 확대되는 것이 문제이다.

Summary

컨설팅 회사에서 다수 기업의 전략 입안과 문제해결 프로젝트에 참여한 경험을 바탕으로 경영컨설팅과 문제해결 강연을 하고 있는 나라이 안[*]은 이렇게 말하고 있다.

"문제해결은 지금보다 나은 상태로 개선해 가려는 의지이다. 주변의 모든 것이 앞으로 나아가고 있는데, 혼자 구태의연한 상태로 남아 있으면 마침내는 주변에 의해서 억지로 개선을 강요당하는 결과가 될 것이다. 그렇게 되지 않도록 먼저 자신이 문제를 느끼고 문제해결을 시도하는 것이 지금부터는 우리들에게 중요한 일이 될 것이다."

....

[*] 나라이 안(2003), 김영철 譯, 『문제해결력 트레이닝』, 일빛.

인식되지 않으면 그것은 문제로써 파악되지 않는다는 것을 의미한다. 실제로 그 차이가 없을 수도 있으나 그 차이가 있음에도 그것을 느끼지 못하는 경우가 많으며 그러면 이것은 문제가 되지 않는 것이다. 이 경우 문제가 없어진 것은 아니다. To-Be와 As-Is 사이에 차이가 발생했으나 그 차이를 발견하지 못하고 문제가 없다고 생각하여 조기에 아무런 조치를 취하지 않으면 그 차이는 점점 커져서 나중에 손을 쓰지 못하는 상태가 되어버릴 수도 있다. 이 경우는 나라이 안이 말한 것처럼 주변에 의해 억지로 개선을 강요당하게 될지도 모른다.

문제, 제대로 인식하자

★ 문제의식은 뭘까?

→ 특정 사안에 대해 해결의 필요성을 느끼는 것

★ 문제란?

현재 상태와 바람직한 상태의 차이

→ 바람직한 상태와 현재와의 차이를 제대로 인지하지 못하면
제대로 된 문제인식이 불가능해 적절한 대안을 생각하기 어
려움

합리적 프로세스로
해결하자

#내_집_장만 #아파트 #합리적_프로세스 #문제 #해결_대안 #우선순위
#방해_요인

홍길동은 한 가정의 가장이다. 결혼하여 배우자와 두 명의 어린 아이들을 키우고 있다. 홍길동은 최근 내 집 장만을 앞두고 어느 지역에 아파트를 얻을지 결정하려고 한다. 아파트를 선택하는 것은 중요하고 어려운 문제라 매우 신중하고 조심스럽게 접근하였다.

먼저 홍길동은 동원할 수 있는 예산 범위 내에서 먼저

자신이 원하는 아파트의 기준을 정리해 보았다. 홍길동은 회사가 있는 도심보다는 대중교통이 편한 외곽에 아파트를 얻고자 했다. 모든 것이 갖춰진 도심의 편리한 환경보다는 공해와 소음으로부터 좀 더 자유로운 환경에서 살기를 희망하기 때문이다. 그리고 이왕이면 인지도가 있는 아파트였으면 좋겠다고 생각해서 이에 적합한 아파트 리스트를 정리하였다. 그러나 배우자는 조만간 중학생이 될 아이들을 고려한다면 교육환경도 중요하다고 하였다. 또한 배우자는 홍길동이 말한 모든 조건이 동일한 비중을 가지고 있는 것은 아닌 것 같다고 했다. 예를 들어 홍길동에게 '대중교통이 편해야 한다'는 조건은 '인지도가 있는 아파트'라는 조건보다 훨씬 더 중요한 문제였다. 홍길동은 배우자의 생각에 동의해 각 기준들에 대해 가중치를 두어 우선순위를 매겼다. 그리고 부동산 전문가들을 만나 상담을 하였다. 필요한 경우 자신이 직접 인터넷에 들어가 정보를 찾아보고 분석하였다. 이러한 과정을 거쳐 10개의 후보 아파트를 찾아냈고, 이 아파트들을 세부적으로 탐색하였다. 가장 적합할 것 같은 몇 개의 아파트는 직접 찾아가 보기도 하고, 부동산 전문가의 의견도 청취하면서 미리 만들어 둔 기준과 가중치에 따라 각 아파트들을 비교해 보았다. 결국 홍길동은 평가를 통해 10개 중 하나의 아파트를 선택하고 매매를 결정했다. 홍길동의 아파트 매매는 상당히 합리적으로 진행되었다고 평가할 수 있다. 홍길동의 행동이 합리적이라고 할 수 있는 것은 충동적인 감정과 경험보다는 논리와 신중한 분석, 많은 정보를 얻기 위한 세심한 탐색에 기반을 두었기 때문이다.

Solution

어떠한 사안이나 문제가 발생하였을 때 이를 합리적으로 해결하기 위해서는 어떻게 하는 것이 좋을까? 앞에서 제시한 홍길동의 사례를 프로세스로 제시하면 어떻게 될 것인가? 미국 샌디에고 주립대학교 경영학과 교수이자 조직행동분야 세계적인 권위자인 스티븐 로빈스Stephen P.

Robbins박사가 제시한 프로세스[*]를 살펴보고자 한다. 그는 초기에 8단계를 제시하였지만 이후 각 단계를 통합하여 6단계로 만들었는데, 국내 경영컨설턴트인 곽해선[**]이 해설한 내용을 로빈스가 제시한 6단계에 적용하면 다음과 같다.

① 문제를 명확히 한다

A는 반도체 제조업체의 관리자이다. 그가 업무용으로 타고 다니는 회사 소유 차량이 최근 엔진 고장을 일으켰다. 점검 결과 차를 수리하는 것보다는 새로 구입하는 것이 경제적인 상황이었다. 본사의 방침도 마찬가지였다. 다만 성능과 가격을 포함해 여러 면에서 최적의 경제성을 갖는 중고차를 사야 한다는 단서가 붙었다. 그리고 이는 전적으로 A에게 달렸다. 문제란 현재 상태와 바람직한 상태 사이의 차이다. 그러므로 문제가 무엇인지 알려면 현

....

[*] 스티븐 로빈스(2016), 이종구 譯, 『성공을 부르는 결정의 힘』, 시그마 북스.
[**] 곽해선(2002), 『쉽게 배우는 경영학』, 명솔출판.

재 상태와 바람직한 상태가 각각 어떤지 알아야 한다. A가 바라는 상태는 차량이 문제없이 달리는 것인데, 지금은 그렇지 못하다. 따라서 A가 풀어야 할 문제는 아무 문제없이 달릴 수 있는 차를 마련하는 것이다. 단지 차를 새로 사는 것이 아니다.

② 해결 대안의 기준을 정한다

문제가 명확해지면, 문제를 풀기 위해 고려해야 할 기준이 무엇인지 생각해 보아야 한다. 이 단계에서는 문제 해결자의 관심, 가치, 목표 그리고 개인적인 선호가 개입된다. A가 구입해야 하는 차가 문제없이 달릴 수 있으려면 우선 성능과 내구성을 따져 봐야 한다. 또한 구매에 있어 최적의 경제성을 지녀야 하므로 가격은 물론이고 차량의 연비, 승차감도 고려해 볼 요소이다. 중고차이므로 사고 이력도 없어야 할 것이다.

③ 결정 기준의 가중치를 정한다

모든 기준들의 중요도가 동등하지 않다. 따라서 우선
순위를 정하기 위해 중요도에 따라 가중치를 부여한다.
가격이 승차감보다 더 중요한 요소일 수도 있고, 내구성
이 가격보다 차량 구입에 더 중요한 기준으로 간주될 수
도 있다.

④ 해결 대안을 찾는다

문제를 해결하기 위해 가능한 모든 대안들을 찾는 단
계이다. 이 단계에서는 각 대안을 평가하지 않고 다만 목
록으로 만드는 일만 한다. A는 소나타, 그랜저, K7, 말리
부 등 4개의 대안을 목록으로 만들었다.

⑤ 각 해결 대안을 평가한다

중요도에 따라 가중치를 달리해 만든 기준에 비추어
각 해결 대안을 서로 비교해 보고 장점과 단점을 가려낸
다. 그리고 앞에서 만들어낸 기준에 비추어 4개의 대안에

점수를 부여한다.

⑥ 최선의 해결 대안을 선택한다

마지막으로 가장 높은 점수를 얻은 해결 대안을 선택하는 것이다.

업무용 차량 구입을 예시로 한 6단계는 앞서 홍길동이 아파트를 구매할 때 적용했던 과정이기도 하다. ① 홍길동은 문제를 규정하고 구매할 수 있는 아파트를 알아보았다. ② 결정 기준을 정했으며 ③ 중요도를 고려하여 우선순위도 부여하였다. ④ 10개의 아파트 후보를 목록으로 만든 후 ⑤ 각 아파트를 분석하여 ⑥ 원하는 아파트를 최종 선택한 것이다. 만약 홍길동이 이러한 단계를 거치지 않았다면, 그는 암묵적으로 자신의 마음에 드는 아파트를 구매하기 위해 다른 아파트들을 선택하면 안 되는 이유를 찾았을 것이다.

우리가 직면한 문제는 반드시 합리적인 절차를 통해 해결 방안을 찾아야 한다. 업무적인 문제이거나 개인의 인생과 관련된 문제이거나 마찬가지이다. 하지만 합리적으로 문제를 해결하고 해결 대안을 선택하지 않는 경우도 꽤 많다. 로빈스 박사가 제시하는 6단계의 절차를 따르더라도 각 단계에서 합리적으로 문제를 해결하기 어려울 수도 있다. 따라서 합리적인 문제해결을 어렵게 만드는 요인을 알고 피하도록 노력해야 한다. 앞서 6단계의 절차를 이해하기 쉬운 사례로 제시했던 곽해선은 여러 학자들의 연구를 정리해서 '합리적 문제해결을 방해하는 요인'을 다음과 같이 소개했다.

① 정보의 양과 질

문제를 해결하려면 충분한 양의 정보가 있어야 한다. 하지만 여러 제약으로 인해 충분한 양의 정보를 갖고 있지 못하거나, 가지고 있다고 하더라도 정보의 질이 좋지 않은 경우 좀 더 좋은 대안, 좀 더 올바른 해결책을 만들기는 어렵다.

② 선입관

자신의 경험, 선호, 조직 안에서의 지위 등으로 인해 문제의 특정한 측면에만 시각을 맞추고 문제의 다른 측면은 도외시함으로써 문제를 잘못 규정하는 것이다.

③ 조직 내 권력과 정치

조직은 다양한 이해관계로 구성되기 때문에 공통된 목표 하에 문제를 해결해 나가기가 쉽지 않다. 그래서 어떤 결과를 얻기 위해 타협과 협상이 필요한 때가 많고 협상의 결과가 합리적인 해결 대안과는 거리가 있는 형태로 나타나기도 한다.

④ 시간과 비용의 제약

조직은 대부분 문제해결에 많은 시간과 비용을 허락하지 않는다. 시간과 비용의 제약 때문에 충분히 문제를 검토하고 숙고할 여유가 없으며 새로 내놓는 대안도 전의 것과 비슷해지는 경향이 있다.

Summary

　로빈스 교수는 합리적으로 문제를 해결하고 대안을 찾기 위해 자신이 제시한 6단계의 합리적 과정을 따를 것을 추천하고 있다. 앞서 홍길동의 아파트 구하기와 관련된 행동이 합리적이라고 할 수 있는 것은 충동적인 감정과 경험보다는 논리와 신중한 분석, 많은 정보를 얻기 위한 세심한 탐색에 기반을 두고 6단계를 따랐기 때문이다. 로빈스 교수가 제시한 6단계는 다음과 같았다. ① 문제를 명확히 한다. ② 해결 대안의 기준을 정한다. ③ 결정 기준의 가중치를 정한다. ④ 해결 대안을 찾는다. ⑤ 각 해결 대안을 평가한다. ⑥ 최선의 해결 대안을 선택한다.

합리적 프로세스로 해결하자

> 합리적 문제해결을 위해서는 합리적 프로세스를 따르는 것이 중요함

→ 합리적 문제해결을 위해서는 충동적 감정과 경험에 의지하지 않
  도록 논리와 신중한 분석, 많은 정보를 얻기 위한 세심한 탐색에
  기반을 두어야 함

★ 문제해결의 프로세스 6단계

① 문제를 명확히 하자
  - 현재 상태와 바람직한 상태가 무엇인지 각각 확인
② 해결 대안의 기준을 정하자
  - 문제해결을 위해 고려해야 할 기준을 선정
③ 기준의 가중치를 정하자
  - 나열했던 기준들 중에서 중요도에 따라 우선순위를 정함
④ 해결 대안을 찾자
  - 문제해결을 위한 가능한 모든 대안을 나열
⑤ 각 해결 대안을 평가하자
  - 가중치에 따라 각 해결 대안을 서로 비교하여 점수를 부여함
⑥ 해결 대안을 선택하자
  - 최종적으로 가장 높은 점수를 얻은 대안을 선택

★ 합리적 문제해결의 방해 요인

① 정보의 양과 질
② 선입관
③ 조직 내 정치
④ 시간/비용의 제약

04

문제의 종류를
알아야 한다

#문제_개념 #문제_종류 #발생형 #탐색형 #설정형 #후속_조치 #유비무환
#장기적_관점 #통찰력

Ask In

직장에 근무하면서 우리는 해결해야 할 많은 문제를
만나게 된다. 직장에서 근무한다는 것 자체가 문제를 해
결하는 과정이라고 할 수도 있다. 우리가 주로 만나게 되
는 문제는 어떤 것들이 있을까? 당신은 지금 어떤 문제를
해결하기 위해 고민을 하고 있는가? 다음은 당신이 혹시
라도 직면할 수 있을지도 모르는 문제일 것이다.

① 불량률이 목표치 대비 10%가 올랐다.

② 우리 회사의 새로운 비전을 임직원들에게 효과적으로 전파해야 한다.

③ 현재의 생산성을 30% 향상시켜야 한다.

④ 적정 재고량보다 10% 이상 과잉 재고가 발생했다.

⑤ 월 1회 이상 장비 작동 시 안전 부주의 사건이 발생한다.

⑥ 임직원들이 즐겁게 일하면서 높은 성과를 내는 환경을 만들고 싶다.

⑦ 경력 사원의 조기 퇴직률이 국내 기업 평균보다 10% 높다.

⑧ 현재 우리 팀의 업무 중 불필요한 업무들을 줄여야 한다.

⑨ 내년 사업 계획 수립 시 환율 상승에 따른 리스크 대응 전략이 필요하다.

⑩ 현재 우리 회사의 시장 점유율을 27%에서 35% 이상으로 향상시키자.

04 문제의 종류를 알아야 한다

그런데 가만히 살펴보자. 각각의 차이가 느껴지는가. 문제의 종류가 다르다. 조직의 기능적 측면에서 ①은 생산, ②는 조직 문화, ③은 경영 혁신, ④는 구매 자재 등의 문제라고 볼 수도 있다. 하지만 여기서 문제의 종류가 다르다고 말하는 것은 기능적 측면에서의 관점이 아니라 문제 그 자체의 속성 또는 성격이 다름을 말하는 것이다. 문제의 속성 또는 성격에 따라 분류한다면 ①, ④, ⑤, ⑦이 유사하고 ③, ⑧, ⑩이 유사하며, 나머지 ②, ⑥, ⑨가 유사하다고 볼 수 있다. 이는 어떤 기준에서 분류된 것일까?

Solution

앞서 제시했던 열 가지의 문제가 크게 세 가지로 나뉘는 기준을 설명하려면 '문제란 현재 상태와 바람직한 상태 사이의 차이'라는 문제의 개념을 다시 한 번 상기해야 한다. 그렇다. 문제란 현재 상태와 바람직한 상태 사이의 차이이다. 문제의 이러한 정의에 따라 발생형, 탐색형, 설정형의 세 가지 종류로 나누어 볼 수 있다.

　발생형은 현재 상태와 바람직한 상태 사이에 이미 차이가 생겨버린 것이다. 바람직한 상태로 관리하던 것이 어떤 원인으로 인해 그 관리 기준에서 벗어난 것이다. 주로 기준에서 이탈하거나 미달하는 것이다. 출장 중 자신이 운전하던 자동차가 갑자기 멈추어 버렸다. 이 경우 바람직한 상태는 '자동차가 이상 없이 운행되어야 함'이지만 현재 상태는 '자동차가 멈춤'이다. 따라서 '자동차가 고장남'이 문제이다. 이상 없이 운행되어야 하는 자동차로 상태를 관리하고 있었으나 어떤 원인으로 인해 이상이 생겨 자동차가 멈춘 것이다. '자동차가 잘 운행되다가 갑자기 멈춤'과 같은 구체적인 증상이 나타나는 것이므로 상대적으로 쉽게 인지할 수 있는 것들이다.

　탐색형은 바람직한 상태를 현 수준보다 더 높게 끌어올림으로써 의식적으로 만들어 내는 문제이다. 출장 중 자동차가 갑작스럽게 멈춰 버린 경험을 한 사람이 향후에는 이런 일이 아예 발생하지 않도록 하기 위해 조치를 취하는 것과 같은 것이다. 즉 개선하거나 강화하고자 하는 것이다.

설정형은 새롭게 해결하려는 것으로 바람직한 상태를 새롭게 설정하는 것이다. 지금 당장에는 아무 이상이 없지만 미래를 생각해 볼 때 지금 이것을 해야 한다는 인식에서 도출되는 것이다.

이제 앞서 열 가지 문제가 ①, ④, ⑤, ⑦이 유사하고 ③, ⑧, ⑩이 유사하며, 나머지 ②, ⑥, ⑨가 유사하다고 설명했던 이유를 알게 됐을 것이다.

①, ④, ⑤, ⑦은 발생형 문제이다.
① 불량률이 목표치 대비 10%가 올랐다.
현재보다 10% 낮은 불량률 관리 목표치라는 바람직한

상태가 있는데 현재 상태는 목표치+10%라는 불량률이 나타난 것이다. 불량률이 늘어나고 있다는 현상이 발생된 것이다.

④ 적정 재고량보다 10% 이상 과잉 재고가 발생했다.

바람직한 적정 재고량의 목표치로 관리 중이었으나 어떠한 이유에서인지 10% 이상의 과잉 재고가 발생된 것이다.

⑤ 월 1회 이상 장비 작동 시 안전 부주의 사건이 발생한다.

안전 부주의 사건이 발생하면 안 되는데도 불구하고 매월 한 건씩의 사고가 발생하는 것이다.

⑦ 경력 사원의 조기 퇴직률이 국내 기업 평균보다 10% 높다.

이미 현재 상태와 바람직한 상태 사이에 차이가 발생한 것이다. 국내 기업의 평균 수준은 되어야 하지만 10%나 높다는 현재 상태는 문제가 될 것이다.

③, ⑧, ⑩은 탐색형 문제로 분류할 수 있다.

04 문제의 종류를 알아야 한다

③ 현재의 생산성을 30% 향상시켜야 한다.

바람직한 상태를 현재보다 30% 더 높여 의식적으로 만들어 낸 문제이다. 현재의 생산성이 가령 80이라고 하고 이 수치 또한 나쁘지는 않다고 볼 때 여기에서 좀 더 목표치를 상향 조정함으로써 80이 현재 상태가 되고, 30% 상향 조정한 104가 바람직한 상태가 되는 것이다.

⑧ 현재 우리 팀의 업무 중 불필요한 업무들을 줄여야 한다.

팀의 역할과 책무에 대해 더 효율적인 운영을 위해 불필요한 업무를 줄여야 한다는 목표를 의식적으로 만들어 낸 것이다.

⑩ 현재 우리 회사의 시장 점유율을 27%에서 35% 이상으로 향상시키자.

현재의 상태에서 35%로 바람직한 상태를 상향 조정한 것이다.

②, ⑥, ⑨는 설정형 문제로 분류할 수 있다.

② 우리 회사의 새로운 비전을 임직원들에게 효과적으로 전파해야 한다.

⑥ 임직원들이 즐겁게 일하면서 높은 성과를 내는 환경을 만들고 싶다.

⑨ 내년 사업 계획 수립 시 환율 상승에 따른 리스크 대응 전략이 필요하다.

이 세 가지는 모두 미래에 대한 문제로 무엇인가 창조하거나 만들어야 하는 것이다. 바람직한 상태를 새롭게 설정해야 한다. 지금까지 설명한 것을 도표의 형태로 제시하면 다음과 같다.

구분	발생형	탐색형	설정형
개념	바람직한 상태와 현재 상태 사이에서 이미 차이가 나타난 문제	바람직한 상태를 현 수준보다 더 높게 올려 만들어 내는 문제	기존에 경험이 없는 것을 새롭게 해결하려는 문제
시점	과거~현재	현재~가까운 미래	미래
형태	이탈·미달된 문제	개선·강화 문제	개발·리스크 회피 문제
행동자 관점	파악한다, 규명한다	수립한다, 찾아낸다	창조한다, 만든다
예시	-안전사고 -불량품 발생 -과잉 재고 발생 -영업 이익률 감소 -영업 매출 감소	-생산성 향상 -시장 점유율 확대 -재고율 절감	-신시장 개척 -신제품 개발 -신규 사업 진출 -M&A

김영민은 『기획특강』에서 문제해결 과정에서 세 가지 문제의 종류에 따라 좀 더 특징적으로 고려해야 할 사항들이 있다고 했다. 먼저 발생형 문제의 경우 이미 과거에 발생하여 현재까지 진행되고 있는 것이다. '아… 이거 문제인데…'라고 쉽게 알아차릴 수 있는 것들이다. 이때 고려해야 할 점은 그 문제를 본인이 해결할 수 있는지 여부에 대한 신속한 판단과 후속 조치이다. 문제 발견자의 능력으로 해결할 수 없는 경우에는 주변이나 전문가의 도움을 청할 수 있는 용기가 필요할 때도 있다는 것이다.

탐색형 문제는 '혹시 문제가 없을까?'라며 찾아보는 과정에서 나타나는 문제이다. 발생형 문제가 이미 과거에 발생하여 현재까지 진행되고 있는 것이라면 탐색형 문제는 시제로는 가까운 미래이다. 발생형 문제는 문제가 발생해야 대응하는 '소 잃고 외양간 고치는' 방식이지만 탐색형 문제는 문제 발생의 구체적 증상이 나타나기 전에 미리 찾아보는 적극적 해결의 관점이다. 즉 '유비무환'의 방식으로 발생형 문제에 대한 대응과 차이가 있다.

설정형 문제는 경영자나 문제해결자가 높은 통찰력으로 미래를 내다보고 스스로 목표를 설정하거나 문제를 인식하는 대단히 능동적이고 적극적인 경우에 발견이 가능한 것이다. 따라서 설정형 문제는 경영 환경에 대한 예측과 장기적 관점의 통찰력을 필요로 한다.

Summary

문제는 속성에 따라 크게 세 가지로 나눌 수 있다고 하였다. 발생형 문제가 지금 나타난 문제에 대한 대응의 성격이라면 탐색형과 설정형은 발생할 문제에 대한 예방적 성격이 강하다. 그렇다면 세 가지 유형의 문제 중에서 어떤 문제를 발견하기 더 어려울까. 당연히 탐색형과 설정형이다. 탐색형과 설정형 문제는 해당 방면에 다양한 경험이나 지식을 갖추고 있으며, 매사에 신중하고 침착하게 사안을 바라보고 검토해야 찾아낼 수 있다. 앞선 예에서 살펴봐도 ③ 현재의 생산성을 30% 향상시켜야 한다.

⑧ 현재 우리 팀의 업무 중 불필요한 업무들을 줄여야 한다. ⑩ 현재 우리 회사의 시장 점유율을 27%에서 35% 이상으로 향상시키자. 등의 탐색형 문제와 ② 우리 회사의 새로운 비전을 임직원들에게 효과적으로 전파해야 한다. ⑥ 임직원들이 즐겁게 일하면서 높은 성과를 내는 환경을 만들고 싶다. ⑨ 내년 사업 계획 수립 시 환율 상승에 따른 리스크 대응 전략이 필요하다. 등의 설정형 문제는 통찰력으로 기업의 미래를 내다보고 능동적이며 적극적으로 고민하지 않는 경우 찾아내기 어려운 것이다. 그리고 기업 조직의 경영자나 관리자는 이미 증상이 나타나 누구나 문제임을 인식하는 발생형보다는 탐색형이나 설정형 문제를 찾아내는 직원을 좋아하게 마련이다. 그것이 기업의 장기적인 성장과 발전에 기여하는 것이기 때문이다.

문제의 종류를 알아야 한다

★ 문제의 종류

① 발생형
- 현재 상태와 바람직한 상태 사이에 이미 차이가 발생한 경우
  (주로 기준에서 이탈하거나 미달하는 경우임)
- ex. 기기의 결함 등
- 상대적으로 쉽게 인지 가능한 문제임
- 본인이 해결할 수 있는지 여부를 신속하게 판단해야 함

② 탐색형
- 바람직한 상태를 현재의 수준보다 더 높게 끌어올려서 의
  식적으로 만들어 내는 문제
- ex. 현재의 생산성을 좀 더 상향 조정하는 것
- 개선과 강화의 목적을 지닌 적극적 해결의 관점

③ 설정형
- 바람직한 상태를 새롭게 설정하는 것
- ex. 경영자의 새로운 비전 설정
- 통찰력으로 미래를 내다보고 스스로 문제를 인식해야 문제
  의 발견이 가능함

05

문제의 종류에 따라
다르게 접근하자

#문제_속성 #해결_프로세스 #스마트_워크 #해결_절차 #경영_환경_분석

Ask In

문제는 속성에 따라 발생형, 탐색형, 설정형의 세 가지로 나눌 수 있다. 그렇다면 문제의 유형에 따라 해결하는 프로세스도 다를까? 결론부터 말하면 다르다. 속성이 다르므로 접근법, 프로세스 또한 차이가 있을 수밖에 없다.

발생형 문제는 현상 파악을 통해 문제를 정의한 후 원인을 파악하고, 해결안을 개발해서 실행하면 된다. 탐색형 문제는 현상 파악을 통해 문제를 정의하고 원인 파악

후 변혁 과제를 도출·선정한다. 그 다음에 구체적인 변혁 내용을 개발하여 실행하면 된다. 설정형 문제는 미래를 위해 지금 고민해야 할 문제가 없는지 현재의 환경을 분석하여 문제를 도출한 후 여러 문제들 중 우선적으로 해결해야 할 문제를 선정한다. 이후 변혁 방향에 따른 과제를 선정하고 고객 요구 추출을 통한 목표치를 설정하고 변혁 과제 내용을 개발한 다음 실행하면 된다. 이제 각각의 문제 유형에 따른 구체적인 해결 프로세스를 살펴보자.

Solution

먼저 발생형 문제이다. 예를 들어 어느 제조회사에서 최근 불량률이 10%가 올랐다고 가정해 보자. 그리고 당신이 이 문제를 해결해야 한다. ① 현상 파악을 통해 문제를 정의해야 한다. 즉 불량률이 높다는 것이 무엇을 의미하는지 찾아보아야 한다. 총 5개의 공장에서 모두 불량률이 10%가 높은 것인지, 24시간 중 특정 시간대에 불량률이 높은 것인지, 아니면 다른 제품은 큰 이상이 없는데 특정 제품의 불량률만 높은 것인지 등이다. 현상 파악을 통해 당신은 '4공장에서 생산되는 A제품의 불량률이 높다'라는 것을 알게 되었다. ② 이제 4공장에서 생산되는 A제품의 불량률이 높은 원인을 파악해야 한다. 4공장의 A제품을 생산하는 라인에 제공되는 원재료 공급사가 최근 변경되었는데, 이들이 제공하는 원재료의 품질이 떨어져 결국 A제품의 불량률이 높아진 것으로 밝혀졌다. ③ 해결안을 개발해야 한다. 문제해결자인 당신은 결국 원재료 공급사를 변경할 것을 의사결정권자에게 공유하고 ④ 즉시 실행하면 된다.

스마트 워크Smart Work 시대에 맞춰 회의 문화를 개선해야 한다는 해결 과제를 가정해 보자. 이는 탐색형 문제이다. ① 역시 현상 파악을 통해 문제를 정의해야 한다. 현재 회의 문화의 실태가 어떠한지, 여기서 개선해야 할 포인트는 어떤 것들이 있는지 찾아보아야 한다. 회의실 에약 시스템에 들어가 예약 현황도 파악해 보고, 구성원들에게 설문 또는 인터뷰를 하여 회의와 관련하여 개선해야 할 부분을 찾아야 한다. 이런 활동을 통해 '회의 시간이 길다'라는 의견이 많이 나왔음을 발견하게 된다. 여러 가지 자료나 벤치마킹을 통해 한 시간 이내로 회의를 하는 것이 가장 효율적이라는 것을 알게 된 당신은 한 시간 이내의 회의를 바람직한 상태로 설정하게 된다. 그리고 현재 회의가 보통 2시간 이상 진행된다는 것을 파악하게 되었다. ② 이제 '회의가 2시간 이상 지속되는' 문제의 원인이 무엇인지를 파악해야 한다. 조사 결과 회의 운영자의 준비 및 운영 스킬의 미숙함, 회의실 부족, 참석자들의 지각 등 다양한 원인을 발견하였다. ③ 변혁 과제를 도출·선정하여야 한다. 2시간 이상이던 회의를 1시간 이내로 마무리하기 위해서는 어떻게 해야 할 것인가 알아내야 한다. 원인들 간의 인과관계를 검토하고 벤치마킹도 하여 크게 인프라의 개선·강화와 회의 문화 개선이라는 두 가지 방향성을 도출하였다. 인프라의 개선·강화를 위해 소회의

05 문제의 종류에 따라 다르게 접근하자

실 두 개 추가 확보, 한 시간 이상은 예약이 되지 않도록 회의실 예약 시스템 변경, 모든 회의실에 스톱워치와 스마트폰 거치대를 설치하는 방안을 고민해 보았다. 그리고 회의 문화 개선이라는 관점에서 회의 시간을 인건비, 소모품 등 비용으로 산출하여 공지하고, 회의 운영 스킬 교육을 실시하며, 전사적인 캠페인 운동을 전개하는 아이디어를 도출하였다. 이처럼 아이디어는 다양하게 나왔지만 이들 중 효과성과 효율성을 고려하여 소회의실 두 개 추가 확보, 예약 시스템 변경, 회의 운영 스킬 교육의 세 가지 변혁 과제를 추진하기로 결정한다. ④ 이제 결정된 세 가지 과제에 대한 구체적인 변혁 내용을 개발하여야 한다. 회의 운영 스킬 교육의 구체적인 대상은 누구로 설정하고, 내용을 어떤 것으로 할 것이며, 어떤 방법으로 수행할 것인가에 대한 구체적이고 세부적인 내용을 도출하는 것이다. 그리고 구체적이고 세부적인 내용이 도출이 되면 ⑤ 해당 대상자들을 소집하여 교육을 실행하면 된다.

다음은 설정형 문제의 해결 절차이다. 당신이 중견 기업체 인사담당자라고 가정하자. 당신은 회사의 발전을 위해 현재 인사담당자로서 무엇을 해야 할 것인가를 고민하고 있다. 먼저 당신은 ① 인사 환경 전반에 대해 생각해 본다. 경제 규모가 커지고, 소득수준이 높아짐에 따라 사회적으로 일과 삶의 균형에 대한 인식이 높아지고 있다. 또한 정부에서는 청년 실업률을 낮추기 위해 여러 가지 정책을 추진하고 있는데 여기에 참여하면 다양한 혜택을 얻을 수 있다. 회사 외부 환경을 검토한 당신은 이제 회사 내부로 눈을 돌린다. 회사는 경쟁사보다 연봉이 높아 직원들이 대체로 만족하는 편이다. 다양한 복지 및 편의 시설이 설치되어 있어 근무 환경도 괜찮은 편이다. 하지만 경쟁사 대비 직원들의 근무 강도가 높고 사내 교육 제도가 미흡한 것은 단점이다. 조직 문화가 보수적이다 보니 외부 환경 변화에 민감한 대응이 부족한 것도 문제점이다. 당신은 자신의 직무와 관련하여 기업 외부의 전반적인 환경과 경쟁사의 동태 파악을 통해 기회와 위협 요소, 그리고 자신의 회사에 대한 강점과 약점을 검토하였다. 이제 이들을 종합하여 즐겁게 일하면 높은 성과를 창출하는 직장 만들기, 임직원 육성 제도 강화, 유연한 조직 문화 구축, 청년 실업률 제고를 위한 정부 사업 참여, 임직원의 일과 삶 조화, 우수 인재 확보 등과 같은 해결 문제들을 도출한다. ② 조직 내 합의를 통해 해결 문제를 선정한다. 효과성과 효율성의 관점에서 우선적으로 추진할 문제로 임직원 육성 제도 강화가 선정되었다고 가정하자. ③ 변혁 방향 도출 및 변혁 과제 선정의 단계로 접어든다. 당신은 경쟁사 및 선진기업의 벤치마킹을 통해 현장 중심의 교육체제 구축, 기술·직무 관련 자료와 정보의 교류 강화, 핵심 인재 집중 육성과 같은 3가지 변혁의 방향성을 도출하고, 각각의 변혁 과제도 고민한다. 현장 중심의 교육체제 구축을 위해서는 자체 기술 교육과정을 개발하고, 멘토링 제도를 실시하기로 한다. 기술·직무 관련 자료와 정보의 교류 강화를 위해서는 회사 내 지식동아리 활성화, 기술교류회 실시, 지식 경영 시스템을 개선하기로 했다. 핵심 인재 집중 육성을 위해서는 핵심 인재 교육 시행이라는 아이디어가 도출되었다. 3대 변혁 방향에 6대 변혁 과제가 도출된 것이다. 설정형 문제해결은 발생형이나 탐색형과 달리 ④ 고객 요구 추출을 통한 목표치 설정 단계도 거쳐야 한다. 앞 단계에서 선정된 변혁 과제에 대해 고객이 기대하는 결과물의 수준을 파악하고, 이를 달성하기 위한 구체적인 개발 방법을 도출한다. 어떤 목적으로 변혁 과제를 개발하려고 하는지, 목적 달성을 위한 구체적인 방법은 무엇인지, 어느 정도 수준으로 변혁 과제를 개발할 것인지를 정리한다. 변혁 과제가 실행될 때 실제로 실행할 조직이나, 실행의 결과로 가치를 얻는 실행 조직의 부서장, 구성원 등 고객을 구체화하여 그들이 변혁 과제를 통해 얻고자 하는 것을 검토한다. 예를 들어 '멘토링 제도 구축'이라는 변혁 과제에 대해 고객의 요구를 추출한다고 하자. '(목적은) 현장 실무자들이 필요 기술을 쉽게 습득할 수 있도록 (방법은) 리더가 필요 스킬의 내용과 수준을 제시하고 학습 자료를 개발함으로써 (수준은) 실무자들이 만족할 수 있는 현장 중심의 OJT 시스템을 개발한다'라고 정리한다. 그리고 이를 통해 3대 고객은 현장의 리더, 임원 그리고 현장 실무자라는 것, 설문과 포커스그룹 인터뷰를 통해 직원 100%가 참여 가능한 제도를 만들 것, 원하는 기술을 최대한 손쉽게 배울 수 있도록 할 것, 운영 소요 경비는 최소화할 것, 최소 하루 한 시간 이상 운영되는 실행력 있는 제도를 설계할 것, 현장 리더의 지식과 노하우가 실무자에게 완벽히 전수될 것 등 다양한 요구를 추출한다. 또한 '멘토링 제도 구축'이라는 변혁 과제의 목표 항목과 목표치 그리고 측정지표와 방법 등을 작성한다. 즉 바람직한 상태를 설정하는 것이다. 예를 들어 현장 실무자의 기술력 향상이라는 목표 항목에 대해 리더의 전파 기술 등록 건수(목표 측정 지표)를 연간 10건 이상(목표치)으로 하겠다는 방식으로 가급적 정량화하여 정리한다. 이제 당신은 ⑤누가 누구를 대상으로 무엇을 어떻게 멘토링할 것이며, 예산은 얼마나 소요될 것인지 등에 대한 구체적인 변혁 과제 내용을 개발하고 ⑥ 실행하도록 한다.

Summary

지금까지 문제를 속성에 따라 세 가지로 나누고 유형별 접근 방법까지 소개하였다. 바람직한 상태에서 이탈한 증상이 나타나는 발생형 문제는 왜 기존의 관리 기준에서 이탈 또는 미달되었는가를 밝히는 것이 중요하다. 바람직한 상태를 상향 조정함으로써 의식적으로 만들어 낸 탐색형 문제는 왜 지금 수준에서 더 높은 수준의 상태가 되지 않는가에 대한 원인 분석도 중요하지만, 상향 조정된 목표치에 도달하기 위한 변혁 과제를 선정하고 내용을 개발하는 것이 핵심이 될 것이다. 설정형 문제는 바람직한 상태를 새롭게 설정하여 해결하려는 것이다. 지금 당장에는 아무 이상이 없지만 미래를 생각해 볼 때 지금 이것을 해야 한다는 인식에서 도출되는 것이다. 따라서 경영 환경 분석을 통해 미래를 위해 지금 무엇을 해야 하는가를 찾아내는 것이 핵심적인 활동일 것이다.

문제의 종류에 따라 다르게 접근하자

발생형, 탐색형, 설정형 등 문제의 종류에 따라 문제해결 프로세스도 다름

★ 발생형 문제 접근 프로세스

- 왜 기존의 관리 기준에서 이탈 또는 미달되었는지를 파악

① 현상 파악을 통한 문제 정의

② 문제 발생 원인 파악

③ 해결안 개발

④ 실행

★ 탐색형 문제 접근 프로세스

- 상향 조정된 목표치에 도달하기 위한 변혁 과제 선정 및 내용 개발이 핵심

① 현상 파악을 통해 문제 정의

② 문제 발생 원인 파악

③ 변혁 과제 도출 및 선정

④ 구체적인 변혁 내용 개발

⑤ 실행

★ 설정형 문제 접근 프로세스

- 바람직한 상태를 새롭게 설정

① 현재의 환경 분석 후 문제 도출

② 도출된 문제의 우선순위 선정

③ 변혁 방향 도출, 변혁 과제 선정

④ 고객 요구 추출을 통한 목표치 설정

⑤ 변혁 과제 내용 개발

⑥ 실행

06

프레임워크로
전체적인 상황을 파악하자

#프레임워크 #거시환경분석 #PEST #사업_환경_분석 #3C #산업_환경_분석 #
마이크포터 #5forces #생산_현장_분석 #4M #마케팅_환경 #4P_분석 #SWOT
#조직_분석 #7S

Ask In

일본의 경제 전문가 카즈마 카츠요*는 프레임워크를
'어떤 목적에 따라 정리한 사고의 틀 혹은 구조'라고 규정
한다. 카즈마 카츠요에 따르면 프레임워크framework는 어떤
정보에 대해서 기준을 만들어서 분류하고 정리하는 체계
를 만드는 것이 그 역할이라는 것이다. 즉 프레임워크란
전체적인 관점에서 사실과 현상을 정리, 분류하는 사고의

---

* 카즈마 카츠요(2010), 나지윤 譯, 『지적생산술』, 쌤앤파커스.

틀로써 이를 통해 문제해결의 어떤 상황을 부분적, 제한적으로만 보는 것이 아니라 전체적으로, 포괄적으로 보려는 것이다. 따라서 프레임워크를 이용하면 수집된 정보를 객관적으로 분류하며, 빠지지 않고 중복되지 않게 정리할 수 있다. 문제해결 시 프레임워크를 활용하는 것은 매우 도움이 될 수 있기에 지금부터는 많이 활용되고 있는 프레임워크를 소개해 보도록 한다.

Solution

① 거시환경분석 : PEST

기업을 둘러싸고 있는 거시 환경을 분석할 때의 네 가지 기준을 PEST라고 한다. 이는 Political & Legal의 앞 글자 P, Economic의 E, Socio-Cultural의 S, Technological의 T를 따서 PEST라고 명명한 것이다. 기업을 둘러싼 거시적 환경 변화의 내용을 네 가지 요소로 나누어 정보와 데이터를 수집하면 부분적, 제한적으로만 보는 것이 아니라 전체적으로 그리고 포괄적으로 볼 수 있다는 것이다. 정치·법률적 요소Political & Legal Factors는 주로 정부의 정책이나 법률적인 규제 등의 측면에서 기업의 생태계가 변화하는 측면에 대한 것이다. 법률 및 각종 시행령의 변화, 정치적 리스크, 관세 등 무역 조건의 변화, 정책적 변화 등이 있다. 경제적 측면Economic Factors은 중단기적 경제 지표의 변화를 분석하는 것으로 환율, 총생산의 변화, 물가, 이자율, 원자재 가격 등이 있다. 사회·문화적 요소Socio-Cultural Factors는 인간의 공동생활로 인해 조직된 집단 내에 나타나는 행동양식의 변화를 분석하는 것이다. 출산율의 변화, 실업률, 가족의 형태, 주거 형태, 성 의식 등이 있다. 마지막 기술적 요소Technological Factors는 기업이 속한 산업 환경 속에서 기술적 발전과 진보가 어떻게 변화되고 있는가를 찾아보는 것이다. 이들 네 가지 기준에 따라 환경을 분석하다 보면 기업에게 유의미한 시사점을 찾을 수 있다.

② 사업 환경 분석 : 3C

기업을 둘러싸고 있는 거시 환경을 분석할 때 주로 PEST 분석이 활용된다면, 미시적 환경을 분석할 때는 3C가 활용된다. 3C는 고객Customer, 경쟁사Competitor, 자사Company 분석을 말한다. 고객의 특성은 무엇이며 그들은 어떤 니즈Needs를 가지고 있는가, 경쟁사의 강점과 약점은 무엇이고 그들은 지금 어떤 전략을 취하고 있는가, 자사의 강점과 약점은 무엇인가를 종합하여 유의미한 발견을 하려는 분석의 기준이다.

③ 산업 환경 분석 : 5Forces Analysis

기업이 활동하고 있는 산업 분야에 영향을 주는 다섯 가지 요소를 기준으로 하여 정보를 수집하고 분석해야 한다는 기준이다. 하버드 경영대학원의 마이클 포터[*]가 분류하여 제시한 다섯 가지 요소의 첫째는 기존 기업 간 경쟁 강도이다. 즉 기존 경쟁자 간의 경쟁 양상을 모색하는

----

[*] 마이클 포터(2011), 조동성 譯, 『마이클 포터의 경쟁전략』, 21세기북스.

것이다. 하지만 기존 경쟁자만 보아서는 시각이 좁아진다. 바로 잠재적인 경쟁자, 잠재적인 진입 기업도 영향을 줄 수 있기 때문이다. 따라서 두 번째 영향을 주는 요소는 잠재적 경쟁자는 없는지, 있다면 누구인지 파악하고, 이러한 잠재적 경쟁자가 들어오는 것을 막거나 들어오더라도 파괴력을 줄이기 위한 노력을 하는 것이 중요하다. 셋째는 공급업자와의 관계이다. 그리고 이와 비슷하게 구매자 또는 고객의 협상력도 영향을 미치는 요소이다. 마지막은 기업이 제공하는 서비스나 제품을 사용하지 않더라

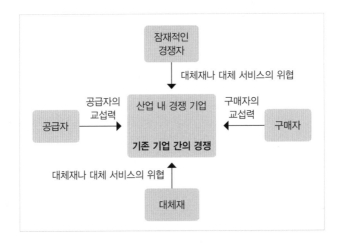

06 프레임워크로 전체적인 상황을 파악하자

도 고객이 느낄 수 있는 편익이 있는 다른 무엇이 있는가를 의미하는 대체재이다.

④ 생산 현장 분석 : 4M

당신이 생산 현장에 근무하는 기업체 직원이라면 4M은 문제해결의 기본이 될 것이다. 4M은 생산 현장에서 문제를 해결할 때 활용되는 가장 기본이 되는 프레임워크로 사람Man, 기계·설비Machine, 자재·원재료Material, 방법Method의 네 가지를 의미한다. 불량률의 발생, 안전사고의 발생 등 생산 현장에서 발생하는 문제는 현장에 근무하는 작업자나 기계·설비Machine, 자재·원재료Material, 방법Method의 범위 내에서 분석하면 빠짐없이 전체적인 원인이나 해결방안 검토가 가능하다는 것이다.

⑤ 영업 마케팅 환경 분석 : 4P

생산 현장 분석에 4M이 도움 된다면, 영업 마케팅 환경 분석에는 4P 분석이 타당하다. 제품Product, 가격 정책Prices,

판매 촉진Promotion, 유통 경로Place의 네 가지 요소는, 예를 들어 특정 제품의 시장 점유율이 낮아지는 문제가 발생하는 경우 분석의 기준으로 적절하다. 제품 그 자체에 하자가 있는 것인지, 가격 정책에 잘못이 있는지, 판매 촉진이 제대로 안된 것인지, 유통 경로 상 고객의 접근이 어려웠는지 등에 대해 종합적으로 검토한다면 핵심 문제가 무엇인지 뽑아내고 해결 방안을 도출하는 데 유리할 것이다.

⑥ 전략적 과제 개발 : SWOT 분석

외부 환경 분석의 결과로 도출된 기회Opportunity와 위협Threat 요소에 자사의 강점Strength과 약점Weakness을 교차하여 새로운 의미를 발굴하려는 프레임워크이다. 보다 정교한 산업구조분석 및 기업 내부 핵심 역량 분석에 의해 대체되는 경향이 있기는 하지만 SWOT 분석은 지금까지의 환경 분석을 하나의 표로 요약 정리하여 제시할 수 있으므로 사용이 간편하고 결과 해석이 용이하여 꾸준히 활용되고 있다. 기업 외부와 내부의 환경 분석의 결과 강점과 기회, 강점과 위협, 약점과 기회, 약점과 위협을 각기 교차하여 네 가지의 전략적 방향성을 도출하는 것이다.

	강점(Strength)	약점(Weakness)
기회 (Opportunity)	자사의 강점으로 기회 요인을 선점, 극대화	기회를 선점하기 위해 내부의 약점을 보강·강화
위협 (Threat)	자사의 강점으로 환경 변화에 따른 위험에 대응	위협에 대응하기 위해 내부의 약점을 개선

⑦ 조직 분석 : 7S

7S는 일곱 가지 요소를 통해 다면적으로 기업을 이해, 조직 개발과 변화의 모델로 사용하는 프레임워크이다. 먼저 공유가치Shared Value이다. 조직 구성원들 사이에 공유되고 있는 중요한 원칙, 근본적인 가치가 존재하고 있으며 이를 구성원들이 이해하고 있는가에 대한 문제이다. 전략Strategy은 분석 대상 기업의 경쟁우위를 위한 원천은 무엇이며, 전략적 우선순위를 설정하고 있는가이다. 조직 구조Structure는 전략 달성에 유리하도록 조직이 설계되어 있으며, 과업이 적절히 분할되어 있는가에 대한 검토이다.

시스템System은 조직관리를 위해 사용되는 경영관리 시스템, 보상 시스템, 예산 편성 등 공식적인 프로세스와 절차가 효과적으로 운영되는가에 대한 분석이다. 구성원Staff은 기업을 구성하는 사람을 채용하고 육성, 배치하는 것들에 대한 적절성을 의미한다. 스킬Skill은 조직 내에 존재하는 다른 조직과는 차별화할 수 있는 역량은 무엇인가에 대한 분석이고, 마지막 조직 문화Style는 최고경영자의 리더십 스타일과 조직 전체에 대한 운영 방식을 의미한다.

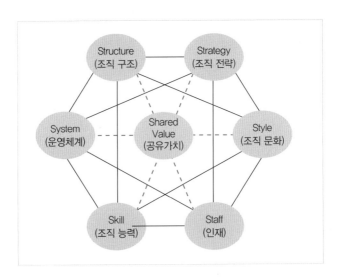

Summary

문제해결에서 가장 중요시되는 것 중 하나는 사실과 정보의 수집을 통한 근거 제시이다. 문제해결을 위해 필요하고 도움이 되는 주변의 정보나 데이터를 하나하나 수집하고 이것들을 분석하여 원인을 찾아내고, 해결 대안을 수립한다. 하지만 아무런 틀이나 관점 없이 생각나는 대로 정보나 자료를 수집한다면 효율적이지도 효과적이지도 못할 것이다. 즉 정보나 자료를 찾아 헤매느라 많은 시간을 소모할 것이고, 막상 찾아낸 정보나 데이터의 타당성이 낮을 가능성이 크다. 따라서 문제해결에 도움이 되는 정보나 자료를 정확하게 찾아 분석·가공하여 정리하면 훌륭한 문제해결 보고서가 나올 수 있다.

효율적이면서도 효과적으로 문제해결에 도움 되는 정보나 자료를 찾으려면 프레임워크Framework를 활용할 것을 추천한다. 앞에서 제시한 몇 개의 프레임워크 이외에도 자신이 수행하고 있는 업무 분야에서 활용할 수 있는 프레임워크가 없는지 찾아보라. 프레임워크를 잘 활용하는 사람이 더 훌륭한 문제해결자이다.

프레임워크로 전체적인 상황을 파악하자

★ 프레임워크 : 어떤 목적에 따라 정리한 사고의 틀이나 구조를
　　　　　　　말함

- 전체적인 관점에서 사실을 정리하고 분류할 수 있음
- 수집된 정보를 객관적으로 누락과 중복 없이 정리할 수 있는 문제
  해결 방법

① PEST(거시환경분석) : 기업을 둘러싸고 있는 거시 환경을 분석
- 정치·법률적 요소(Political & Legal) : 정부의 정책, 법률적 규제
  측면에서의 기업 생태계 변화
- 경제적 측면(Economic) : 중·단기적 경제지표의 변화
- 사회·문화적 요소(Socio-Cultural) : 집단 내 나타나는 인간 행동
  양식의 변화
- 기술적 요소(Technological) : 산업 환경 속의 기술적 발전과 진보

② 3C(사업 환경 분석) : 기업을 둘러싸고 있는 미시 환경을 분석
- 고객(Customer) : 고객의 요구와 특성
- 경쟁사(Competitor) : 경쟁사의 강점과 약점, 전략
- 자사(Company) : 내부의 강점과 약점

③ 5Forces Analysis(산업 환경 분석) : 기업이 활동하고 있는 산
  업 분야에 영향을 주는 요소 분석
- 산업 내 경쟁 기업 : 기존 경쟁자 간의 경쟁 양상 모색
- 잠재적 경쟁자 : 잠재적 진입 기업의 위협
- 공급자 : 공급자의 교섭력

- 구매자 : 구매자의 교섭력
- 대체재 : 대체재나 대체 서비스의 위협

④ 4M(생산 현장 분석) : 생산 현장의 문제해결 시 활용
- 사람(Man)
- 기계·설비(Machine)
- 자재·원재료(Material)
- 방법(Method)

⑤ 4P(영업 마케팅 환경 분석) : 영업 마케팅 환경 분석
- 제품(Product) : 제품에 하자가 있는가?
- 가격 정책(Price) : 가격 정책이 잘못되었나?
- 판매 촉진(Promotion) : 판매 촉진이 제대로 되지 않았나?
- 유통 경로(Place) : 고객의 접근이 어려운가?

⑥ SWOT 분석(전략적 과제 개발) : 외부 환경 분석의 기회와 위협
요소에 자사의 강점과 약점을 교차
- 강점(Strength)
- 약점(Weakness)
- 기회(Opportunity)
- 위협(Threat)

⑦ 7S(조직 분석) : 다면적으로 기업을 이해하고 조직 개발과 변화
의 모델로 사용
- 조직 구조(Structure) : 조직이 전략의 달성에 유리하도록 설계되
어 있는가?
- 조직 전략(Strategy) : 분석 대상 기업의 경쟁우위를 위한 원천은
무엇인가?

- 조직 문화(Style) : 최고 경영자의 리더십 스타일과 운영 방식은 어떠한가?
- 구성원(Staff) : 인력의 채용·육성·배치가 적절한가?
- 조직 능력(Skill) : 다른 조직과 차별화할 수 있는 역량이 존재하는가?
- 운영체계(System) : 조직 관리를 위한 공식적인 프로세스가 효과적으로 운영되는가?
- 공유가치(Shared Value) : 구성원 사이에 공유되고 있는 근본적 가치가 있는가?

복잡한 문제,
나누고 쪼개어라

#분석_分析 #구성_요소 #반대개념 #상대개념 #순서 #절차 #흐름

Ask In

어느 단란한 가족의 일요일 저녁. 잠시 후면 저녁 식사 시간이다. 갑자기 담배가 피우고 싶은 A씨는 주머니에서 담배를 찾지만 빈 갑을 발견한다. 아파트 앞 슈퍼마켓에서 담배를 사서 한 대 피우고 와야겠다는 생각을 한 A씨는 아파트 현관문을 열고 나가려다 마침 아내가 현관 앞을 지나가는 것을 보게 된다. 지금 슈퍼마켓에 담배를 사러 갈 건데 혹시 부탁할 것이 있느냐고 물어본다. A씨의 아내는 마침 잘됐다며 부추를 좀 사 오라고 한다. 부추전이 먹고 싶으니 부추가 필요하다는 것이었다. 알았다고 대답한 A씨가 현관문을 닫고 가려하자 A씨의 아내가 그를 다시 부르며 부탁할 것이 더 있다고 한다. 부추와 함께 맥주 두 캔과 새우맛 과자도 하나 사 오라고 한다. 저녁에 잘 때 마실 것이라고 한다. 알았다고 대답한 A씨는 더 필요한 게 없느냐고 하자 아내는 가는 김에 아이가 좋아하는 초콜릿도 하나 사 오고, 배추도 하나 사 오라고 한다. 부추전과 함께 배추전도 하는 것이 좋겠다는 것이다. 그리고 마지막으로 부추전, 배추전과 함께 마시면 궁합이 좋은 막걸리도 하나 사 오라고 한다. A씨는 이제 헷갈리기 시작한다. 전을 위한 재료인 부추, 아내가 잠들기 전 마실 맥주 두 캔과 안주가 되는 새우맛 과자, 아이가 좋아하는 초콜릿, 역시 전 재료인 배추, 그리고 전과 함께 마실 막걸리. A씨는 아내가 부탁한 것을 잊지 않고 모두 사 왔을까. 아내가 부탁한 것을 잊지 않고 모두 사 오기 위해 아파트 앞 슈퍼마켓까지 가는 동안 심부름 리스트를 머릿속으로 되뇌다가 최초 목표한 담배 구입을 잊어버리진 않았을까.

Solution

분석은 한자로 나눌 분分과 쪼갤 석析으로 되어 있다. 분석은 나누고 쪼개는 것이다. 사전적으로는 얽혀 있거나 복잡한 것을 풀어서 개별적인 요소나 성질로 나누는 능력이다. 그런데 분류하고 나누고 쪼개더라도 어떤 관점이 필요하다. 머릿속에 생각나는 대로 나누고 쪼개어서는 곤란하다. 왜 이건 분석하지 않았느냐 핀잔을 들을 수 있다. 다시 A씨 이야기로 돌아가자. 전을 위한 재료인 부추, 아내가 잠들기 전 마실 맥주 두 캔과 안주가 되는 새우맛 과자, 아이가 좋아하는 초콜릿, 역시 전 재료인 배추, 전과 함께 마실 막걸리. A씨는 아내가 생각나는 대로 말한 심부름 리스트를 좀 더 의미 있게 나누어 볼 필요가 있다. A씨 입장에서 심부름 리스트를 분류한다면 아마도 부추와 배추는 전 재료이고, 새우맛 과자와 초콜릿은 과자, 맥주와 막걸리는 술이라는 세 가지 큰 항목으로 구분해 볼 수 있을 것이다. 즉 A씨가 사야 할 것은 전 재료, 과자, 술 등 세 종류이다. 아내가 생각나는 대로 말한 것을 속성에 따라 나누어 크게 세 가지로 정리한 것이다. 머릿속으로 정리도 잘되고, 이해하기도 쉬워졌다.

문제해결을 위해 정보나 데이터를 분석할 때도 마찬가지이다. 분석해야 할 대상을 머릿속으로 생각나는 대로 나열하거나 제시하기보다는 제외되는 것 없이 집합적 관점에서 검토해야 할 요소가 모두 포함되도록 분석해야 할 것이다. 텔레비전에서 우리나라 축구 국가대표팀의 경기를 해설하는 해설위원이 우리나라와 대결을 하는 상대편 국가의 축구팀 전력을 분석할 때 선수들의 뛰어난 수비 조직력에 대해서만 설명한다면 제대로 된 분석인가. 물론 상대편 국가의 축구팀 전력에서 선수들의 수비 조직력이 많은 부분을 차지하는 것은 틀림없지만 이것만 보면 제외되는 것이 꽤 있다. 공격의 파괴력은 어떠하며, 감독의 전술적 포메이션은 어떠한지, 전반적인 선수들의 체력이나 컨디션, 홈이냐 원정 경기냐, 경기 당일의 날씨는 어떠한가와 같이 고려해야 할 요소들이 많다. 결국 문제해결을 위한 분석 시 가장 고려해야 할 것은 바로 집합적으로 제외되는 것이 없이 분석해야 할 것들을 모두 나누고 쪼개어 보아야 한다는 것이다. 그리고 이렇게 하기 위해 가장 많이 활용되는 것이 바로 프레임워크이다. 자신의 업무 분야나 해결해야 할 문제와 관련하여 집합적으로 제외되는 것이 없도록 나누고 쪼개어 볼 수 있는 기준을 설정해 놓은 프레임워크가 없는지를 찾아보아야 한다. 분석해야 하는 문제에 따라서는 프레임워크가 없을 수도 있다. 이럴 경우에는 두 가지 관점에서 분석할 것을 추천한다.

① 분석 대상의 구성 요소를 파악하라

최근 당신은 체중이 급격히 늘어나 7kg 넘게 증가하였다. 7kg이라는 체중 증가 문제에 대해 분석을 해야 한다. 곧바로 체중이 늘어난 것은 많이 먹었기 때문이고, 따라서 안 먹어야 한다, 즉 단식이라는 단순한 공식으로 본다면 제대로 된 분석이라고 말하기 어렵다. 체중 증가라는 문제에 대해 집합적으로 제외되는 것이 없이 나누어 보아야 한다. 체중 증가라는 문제를 구성하는 요소가 무엇일까 고민해 보아야 한다. 아마도 체중 증가라는 문제는 '칼로리 섭취의 증가(많이 먹는다)'와 '칼로리 소모의 감소(안 움직인다)'라는 두 요소 이외에는 생각하기 어려울 것이다. 하지만 이 정도에서 만족하면 제대로 된 분석을 하는 문제 해결자라고 보기 어렵다. 나누고 쪼개는 것을 즐겨야 한다. 칼로리 섭취의 증가라는 것과 칼로리 소모의 감소라는 것을 다시 구성 요소로 나누어 보자. 칼로리 섭취의 증가는 다시 칼로리의 양적인 측면과 질적인 측면으로 나누어 볼 수 있다. 양적인 측면에서는 식사 빈도가 증가했는가, 한 번 식사 시 먹는 양이 증가했는가? 등을 살펴보아야 할 것이다. 그리고 질적인 측면에서는 고칼로리 음식을 많이 먹었는가, 저칼로리 음식 섭취는 줄었는가를 살펴보아야 할 것이다. 칼로리 소모의 측면에서도 자기 자신과 관련되는 직접적인 요소와 주변 환경으로 인한 간접적 요소로 나누어 보도록 하자. 최근 운동을 게을리하였는지, 성격 자체가 움직이길 싫어하는 것은 아닌지와 같은 자기 자신과 관련되는 요소에 문제가 없는지, 업무량이 증가하여 사무실에 오래 앉아 있었는지, 근무 형태에 변화가 있었는지 등의 환경적 요소도 고려해 보아야 할 것이다.

당신은 체중 증가라는 문제를 분석하기 위해 칼로리 섭취 증가와 칼로리 소모 감소로 크게 나누었다. 그리고 칼로리 섭취 증가는 칼로리 섭취의 양적 측면과 질적 측면, 칼로리 소모 감소는 자기 자신과 관련된 직접적 요인과 환경 요소인 간접적 요인으로 나누어 구조화해 보았다. 분석 대상이 되는 체중 증가에 대해 이것의 구성 요소를 고려하여 나누어 본 것이다. 이제 각각 분류하고 쪼개어 놓은 하위 요소에 따라 정보와 사실, 근거를 수집해 보면 된다. 단순히 '많이 먹어서 체중이 증가했다'와는 분석의 깊이가 다름을 볼 수가 있을 것이다. 아마 많이 먹어서가 아니라 다른 것이 원인이 되었음을 발견할 수 있을지도 모른다. 구성 요소로 나누어 볼 때 가장 쉬운 접근은 반대개념 또는 상대개념을 찾아보는 것이다. 체중 증가라는 문제의 구조를 분석할 때도 칼로리 섭취량의 증가와 칼로리 소모의 감소라는 반대개념으로 접근하였다. 그리고 섭취량 증가 또한 반대개념인 양적 측면과 질적 측면으로 더 깊게 나누었다. 칼로리 소모의 감소도 마찬가지다. 직접적인 측면과 간접적인 측면으로 반대개념으로 분해한 것이다. 질과 양, 하드웨어와 소프트웨어, 내부와 외부, 변동과 고정, 강점과 약점 등은 구성 요소로 문제해결의 대상을 분해하고 쪼개고 나눌 때 적용해 볼 수 있는 대표적인 반대개념이자 상대개념이다.

② 순서나 절차, 흐름을 파악하라

반대개념이나 상대개념으로 분해하고 나누고 쪼개려하는데 잘되지 않거나 혹은 분석의 깊이를 더 깊게 하고 싶다면 분석 대상을 순서나 절차, 흐름으로 나누어 보는 것도 하나의 방법이다. 당신은 인간에 대해 고민하고 분석하고 싶어졌다. 어떻게 나누고 쪼개어 볼 수 있을까. 앞서 이야기했던 구성 요소의 관점에서 반대개념으로 나누어 본다면 남성과 여성으로 나누어 보는 것이다. 그리고 남성의 생물학적 특성과 심리적 특성은 어떠하며, 여성이 가지는 생물학적 특성과 심리적 특성은 어떠한지 등으로 좀 더 구체적인 분석이 가능할 것이다. 하지만 이보다 더 깊게 분석하고 싶다면? 순서나 절차, 흐름을 파악하자. 인간의 발달단계에 따라 나누어 볼 수 있을 것이다. 즉 영유아기, 아동기, 청소년기, 청년기, 중년기, 노년기 등과 같이 인간이 태어나 성장하고 늙어가는 순서, 즉 발달단계에 따라 나누어 본다면 남성과 여성이라는 분류에 따른 검토보다 세부적이고 구체적인 분석이 가능할 것이다. 기업 사례로 예를 들어보자. 인사부서에서 근무하고 있는 당신은 최근 직원들의 역량 발휘라는 문제에 대해 고민하고 있다. 직원들이 직무 현장에서 제대로 역량을 발휘하

복잡한 문제, 나누고 쪼개어라

지 않고 있다는 지적을 받은 것이다. 어디서 잘못된 것인지, 무엇이 문제인지, 어떤 관점에서 나누고 쪼개어 검토할 것인가. 순서나 절차의 관점에서 파악한다면 어떻게 할 수 있을까. 아마도 선발−배치−육성−평가·보상의 순서가 될 것이다. 직원들의 역량 발휘가 제대로 되지 않는다면 선발 시 잘못 채용했거나, 제대로 선발했지만 엉뚱한 곳에 배치했거나, 배치는 제대로 했지만 육성이 제대로 안되었거나, 아니면 평가와 보상 시스템이 잘못되었는지를 검토하면 될 것이다.

Solution

문제해결을 위해서는 정보와 데이터, 자료를 수집하여 분석하는 데 상당 시간을 투자해야 한다. 따라서 문제해결 활동에서 매우 중요한 역량 중의 하나가 분석 능력이다. 잘못된 정보나 데이터의 수집과 분석 또는 피상적인 분석은 결국 왜 이 문제가 발생하게 되었는가에 대한 명확한 답변을 얻지 못하게 만들고, 제대로 된 해결 대안을 찾아가기 어렵게 만든다. 해결하고자 하는 문제와 관련하여 기존의 프레임워크가 없다면, 분석의 목적을 명확히 한 후, 분석의 목적에 적합하게 분석 대상을 구성하고 있는 요소나 절차, 순서, 흐름을 파악하여 쪼개고 나누어 보려는 노력이 필요하다. 물론 이것이 한순간에 쉽게 되는 것은 아니다. 해결해야 하는 문제나 이슈를 집합적으로 잘 분해하고 쪼개려면 연습을 해야 한다. 평상시 배우자 선택, 정시 퇴근, 자동차 선택 등 생활 주변의 사례에서도 집합적으로 제외되는 것이 없이 나누고 쪼개어 보려는 연습을 해야 문제해결의 장면에 직면하게 되었을 때 좀 더 원활하게 분해할 수 있을 것이다.

복잡한 문제, 나누고 쪼개어라

★ 분석 : 얽혀 있거나 복잡한 것을 풀어서 개별적인 요소나 성질
　　　　로 나누는 능력

- 무작정 나누는 것이 아니라 관점에 따라 쪼개고 나누어야 함
- 전체적인 관점에서 누락되는 요소 없이 분석해야 함

★ 적절한 분석 프레임워크가 없다면?

　① 분석 대상의 구성 요소를 파악하라

　　- 반대개념 및 상대개념으로 분해

　　- ex. 질과 양, SW와 HW, 내부와 외부, 변동과 고정, 강점과 약점 등

　② 순서나 절차, 흐름을 파악하라

　　- 반대개념 및 상대개념으로 분해가 어려울 경우

　　- 분석을 좀 더 심도 있게 하고 싶은 경우

→ 분석 목적을 명확히 한 후에 목적에 적합하게 분석하는 것이 중
　요함

08

문제의 핵심을
정확히 정의하자

#아이젠하워 #UN군 묘지 #정주영 #잔디 #보리 #문제_정의 #문제_구조
#핵심_문제 #80:20_법칙 #파레토_법칙 #정량적_표현

Ask In

1952년 미국 제34대 대통령으로 선출된 아이젠하워.
노령에도 불구하고 아이젠하워는 지칠 줄 모르는 유세전
을 펼쳤고, 온화하고 성실한 태도로 미국 국민에게 깊은
인상을 심어주었다. 그는 한국전쟁의 종식 가능성을 알
아보기 위해 한국을 방문하기로 하였다. 하지만 아이젠하
워의 이런 결정은 대통령의 방문을 책임지게 된 미군 관
계자들의 속을 타게 했다. 전쟁으로 대다수의 건물이 파

괴되어 대통령이 묵을 만한 숙소가 남아있지 않았던 것이다. 15일밖에 남지 않은 미국 대통령의 숙소로 하는 수 없이 운현궁을 임시로 사용하기로 하고, 화장실이나 난방시설 등의 공사를 정주영의 현대건설이 담당하게 되었다. 숙소는 해결되었지만 또 다른 문제가 생겼다. 대통령이 방문하기로 예정된 UN군 묘지가 전시 상황이라 돌볼 경황이 없어 흙바닥이 그대로 방치되어 있었던 것이다. 미군은 황량한 느낌이 드는 묘지를 대통령이 방문하기 전에 정비하고 싶어 운현궁 공사를 하던 정주영에게 UN군 묘지에 푸른 잔디를 심어달라고 부탁하였다. 그러나 당시는 한겨울이었다. 추운 겨울 날씨에 푸른 잔디를 구하는 것은 불가능한 일이었다. 정주영은 이 문제를 어떻게 해결했을까?

Solution

소개된 사례는 현대그룹에서 전설처럼 회자되는 이야

기이다. 정주영은 보리를 심었다고 한다. 미군은 자국 대통령이 방문하는 것에 대비하여 흙바닥으로 방치되었던 UN군 묘지에 잔디를 심어 묘지를 푸르게 보이도록 해 달라고 하였다. 미군에게 있어 UN군 묘지의 문제는 '잔디가 심어져 있지 않음'이었다. 따라서 잔디를 심어야 했고, 때마침 운현궁 공사를 하던 정주영의 현대건설에 요청하였던 것이다. 하지만 정주영이 바라보았던 UN군 묘지의 문제는 '흙바닥으로 방치되어 푸르지 않음'이었다. '잔디가 심어져 있지 않음'이라고 문제를 바라보면 '잔디를 심어야 함'이라는 대책을 궁리해야 하지만, '푸르지 않음'이라고 문제를 바라보면 '푸르게 해야 함'으로 대책을 궁리할 것이다. 그리고 잔디 심기는 '푸르게 함'이라는 대책의 일부분일 뿐이다. 정주영은 '푸르지 않음'을 문제로 봤기에 우리나라에서 손쉽게 구할 수 있는 보리를 심어 푸르게 만들었던 것이다.

문제를 제대로 정의하는 것은 문제해결의 첫 단추를

08 문제의 핵심을 정확히 정의하자

제대로 끼우는 것이다. 첫 단추를 잘못 끼우면 뒤로 갈수록 곤란하게 된다. 어떤 환자가 의사에게 찾아가 자신이 독감에 걸렸으니 처방을 해달라고 한다. 목이 아프고 기침과 콧물이 나며, 몸에 열도 난다는 것이다. 의사는 알겠노라고 바로 독감약을 처방하지 않는다. 환자가 진짜 독감에 걸린 것인지 아니면 다른 질병인지 문진을 하고 청진기를 활용하여 진단을 한다. 그리고 자신의 의학적 지식에 따라 독감이라거나 혹은 독감이 아니라 다른 질병이라고 진단하고 처방을 한다. 이처럼 문제를 제대로 정의해서 올바른 해결 대안을 도출하기 위해서는 어떻게 해야할까?

① 문제의 구조를 파악하여 핵심 문제를 밝혀라

해결해야 할 문제가 있을 때 해당 문제의 구조를 파악할 필요가 있다. 특히 문제의 크기가 크고 모호하다고 생각될 때는 더욱 더 핵심 문제로 좁혀갈 필요가 있다. '회사의 수익성 개선'이라는 문제를 해결해야 한다. 이때 곧

바로 회사의 수익성이 개선되지 않는 원인을 찾거나 혹은 수익성 개선을 위해 어떻게 해야 할 것인지의 단계로 뛰어들면 곤란하다. 문제를 정확하게 파악하기 위해 확인할 필요가 있다고 생각되는 대상이나 영역을 검토하고 파악하는 것이 먼저이다. 즉 수익 개선이라는 문제는 매출 증가와 비용 절감이라는 두 가지로 구성되어 있다. 그리고 매출 증가는 다시 수요가 줄어 시장 규모가 변화되거나 그렇지 않지만 점유율이 떨어지는 문제일 것이다. 비용 절감은 제품 원가, 판매관리비, 영업 외 비용으로 나누어 볼 수 있을 것이다. 당신이 문제의 구조를 나누어 보니 시장의 규모가 변화되거나 점유율이 하락하지 않았다. 판매관리비와 영업 외 비용 또한 높은 것은 아니었다. 결국 수익이 나지 않는 핵심 문제는 제품 원가가 높다는 것이었다. 이제 제품 원가가 높다는 문제에 집중하면 된다.

2017년 10월, 국내 자동차 회사를 비롯해 외국 자동차 회사에 부품을 납품하는 국내 S사에 문제가 발생했다. 외국 자동차 회사에 납품하던 S사의 DL382 제품에서 주조 불량이 발생한 것이다. 고객으로부터 클레임을 받은 S사는 품질관리 담당 임원을 중심으로 문제해결 팀을 구성하였다. 그런데 팀을 불러 모은 품질관리 담당 임원의 첫 질문은 "주조 불량 발생의 원인이 무엇인가"가 아니었다. "주조 불량의 현상을 파악해 보라"는 것이었다. 즉 DL382 제품의 주조 불량이 라인의 문제인지, 시간대의 문제인지 등이었다. 문제해결 팀은 주조 불량이 특정 생산 라인에서 발생하는 것인지, 특정 시간에 발생하는 것인지, 제품의 특정 부위에 발생하는 것인지 등에 대해 여러 가지 자료와 데이터를 중심으로 검토하였다. 검토 결과 주조 불량의 78%가 DL382 제품의 'A3'이라는 특정 부위에서 발생한다는 것을 알게 되었다. 즉 DL382 제품의 'A3'에서 주조 불량의 78%가 발생한다는 것이 문제이다. 이제 이들의 질문은 명확해졌다. "왜 A1, B3, C3, D1 등 제품의 다른 곳은 괜찮은데 A3에서 집중적으로 불량이 발생하는가?"이다. "주조 불량이 발생하는 원인이 무엇인가?"보다 훨씬 더 명확하게 문제가 정의되었다. 사실 S사의 품질관리 담당 임원은 문제해결의 전문가였다. 6시그마, 맥킨지 문제해결, 트리즈TRIZ 등 많은 문제해결 기법을 학습하고, 강의도 하는 사람이었다. 그는 알고 있었다. 핵심 문제가 무엇인지 밝히는 것이 문제해결의 첫 출발점임을.

이는 80:20의 법칙으로도 설명이 가능하다. '파레토의 법칙'이라고도 불리는 80:20 법칙은 이탈리아 경제학자인 파레토가 전체 부의 80%를 상위 20%가 소유하고 있음을 발견한 이후 이를 여러 사회적 현상에 적용하면서 알려지게 되었다. 우리 주변에서 일어나는 여러 가지 현상에서 노력, 투입량, 원인의 작은 부분이 대부분의 성과, 산출량, 결과를 이루어낸다는 법칙이다. 전체 제품의 20%가 전체 매출액의 80%를 차지하거나 전체 고객의 20%에 의해서 전체 매출의 80%가 발생된다는 것과 같은 것이다. 문제해결을 할 때도 핵심이 되는 20%의 원인이 무엇인가를 밝혀내는 것이 중요하다. 왜냐하면 이 20%가 전체 문제의

80%를 차지할 것이기 때문이다.

'회의 문화 개선이 필요하다'라는 문제를 해결해야 한다고 가정하자. 바로 "회의 문화가 좋지 않은 원인은 무엇인가?"라는 질문으로 들어가기 전에 회의 문화에 개선이 필요한 핵심 문제가 무엇인가를 밝히는 것이 중요하다. 조직 구성원들이 느끼는 비효율적인 회의 문화는 어떤 것이 있는지를 파악해 보아야 할 것이다. 회의 주관자가 회의 운영을 잘못하는 것인지, 회의가 긴 것인지, 회의가 너무 많은 것인지 등 무엇이 회의 문화 개선이라고 하는 이 문제의 핵심 문제인지를 정보와 사실을 바탕으로 현상을 파악하여 밝혀내어야 한다. 이것이 시간과 노력을 절약하게 한다. 그리고 문제의 상당 부분을 해결하게 한다.

② 정량적으로 진술하라

문제를 제대로 정의하기 위해서는 정량적으로 진술하는 것을 추천한다. 문제와 관련된 이해관계자들이 모두 이해할 수 있는 방식으로 정의되어야 한다. 따라서 정성적인 진술 방식보다는 정량적 진술 방식이 훨씬 더 객관적이고 많은 사람들이 이해하기 쉽다. '매출이 부진하다'라는 정성적인 진술보다는 '매출 목표 대비 25% 미달성'이 오해의 소지가 적고 명확하다.

다시 '회의 문화 개선이 필요하다'라는 문제로 돌아가 보자. 당신에게 '회의 문화 개선'이라는 과제와 관련하여 상사가 "도대체 문제가 뭐야?"라고 질문을 한다면 무엇이라고 답을 하는 것이 좋을까? "회의 문화가 좋지 않고 비효율적이라 개선이 필요합니다."는 명확성이 떨어진다. 보고를 받는 상사도 정확하게 무엇을 의미하는지 이해하기 어렵다. 앞서 '문제의 구조를 파악하여 핵심 문제를 밝히라'고 한 것처럼 회의 문화가 좋지 않은 원인은 무엇인가라는 질문으로 들어가기 전에 회의 문화에 개선이 필요한 핵심 문제가 무엇인가를 밝히는 것이 필요하겠다. 조직 구성원들이 느끼는 비효율적인 회의 문화는 어떤 것이 있는지를 파악해 보아야 할 것이다. 회의 주관자가 회의 운영을 잘못하는 것인지, 회의가 긴 것인지, 회의가 너무 많은 것인지 등 무엇이 회의 문화 개선이라고 하는 이 문제의 핵심 문제인지를 정보와 사실을 바탕으로 현상을 파악하여 밝혀내어야 한다. 당신은 설문이나 인터뷰, 관찰 등을 통해 조직 구성원들이 가장 절실하게 개선되어야 한다고 느끼는 것이 '회의 시간이 길다'란 것을 알아냈다고 가정하자. 즉 회의 문화 개선의 핵심 문제는 '긴 회의 시간'이다. 당신은 도대체 지금 당신 회사에서 진행되는 회의 시간이 어느 정도인가를 파악해 보아야 할 것이다. 보통 2~3시간이라고 가정하자. 이제 명확해졌다. 당신은 상사에게 회의 문화 개선의 핵심 문제는 '목표하고 있는 1시간 이내 회의 종료보다 한 시간에서 두 시간이나 더 길게 운영됨'이라고 상사에게 말할 수 있다. '회의 문화가 좋지 않다'라거나 '회의가 비효율적이다'라는 표현은 듣는 사람들마다 달리 해석하거나 오해를 할 수가 있다. 반면 '목표보다 한 시간에서 두 시간 이상 길게 회의가 운영됨'이라는 문제 정의는 사람들마다 달리 해석하거나 오해할 만한 소지가 거의 없다. 정량적으로 표현하였으므로 매우 명확성이 높은 문제 정의이기 때문이다.

Summary

문제를 제대로 정의하려면 80:20의 법칙이라는 관점에서 핵심 문제가 무엇인가를 찾아내고, 이를 정량적으로 표현할 것을 추천하였다. 이는 문제를 해결할 때 "바다를 끓이지 마라."는 맥킨지 컨설턴트였던 에단 라지엘*의 조언과도 일맥상통한다. 그는 문제해결을 위해 모든 것을 분석하려 하지 말고 선택적으로 하라고 주장한다. 그렇지 않으면 별 성과도 없는 일에 시간과 노력을 낭비하게 된다는 것이다. 이는 핵심 문제에 집중하여 이것을 해결하는 데 중점을 두라는 것이다. S사의 주조 불량 사례나

---

* 에단 라지엘(2003), 이승주·이창현 譯,『맥킨지는 일하는 방식이 다르다』, 김영사.

08 문제의 핵심을 정확히 정의하자

회의 문화 개선과 같이 해결해야 할 문제가 다가왔을 때, 핵심 문제가 무엇인지를 찾아내길 바란다. 그리고 찾아낸 핵심 문제를 정량적으로 표현하기 바란다.

문제의 핵심을 정확히 정의하자

★ 문제 정의

- 문제를 제대로 정의하는 것은 첫 단추를 올바로 끼우는 것과 같음
- 문제를 제대로 정의해야만 올바른 해결 대안의 도출이 가능함

★ 문제를 정확히 정의하는 방법

① 문제의 구조를 파악하여 핵심 문제를 밝혀라
- 섣불리 문제의 원인을 찾기보다는 현상을 명확히 파악하는 것이 중요함
- 문제 상황의 구성 요소를 분석해서 핵심 문제를 파악하여 집중해야 함
- 핵심이 되는 20%의 원인이 전체 문제의 80%를 차지함(파레토 법칙)

② 정량적으로 진술하라
- 문제는 이해관계자들이 모두 이해할 수 있게 정의되어야 함
- 정성적 진술보다는 정량적 진술 방식이 훨씬 더 객관적이며 이해하기 쉬움
- 정량적인 문제 정의는 해석에 있어 오해의 소지가 없음

→ 해결해야 할 문제가 발생했다면 핵심 문제가 무엇인지를 찾아내고, 이를 정량적으로 표현할 수 있어야 함

문제해결의 만능열쇠, 로직트리

#로직트리 #OJT #초기_질문 #MECE #중복_누락_없음 #What_Tree
#Why_Tree #How_Tree #논리적_사고

Ask In

국내 최고의 대기업 중 하나인 O디스플레이. 기업의
비전을 추구하기 위해 스마트폰, PC, TV 등에 들어가는
차별화된 디스플레이 제품을 생산하며 30조대의 매출 성
과를 보이고 있다. O디스플레이는 최근 '논리적으로 생
각하기'라는 교육과정을 개발하였다. 논리적 사고는 많은
직장인들에게 요구되는 능력이기에 회사는 아예 독립적
인 교육과정으로 개발하였다. 그런데 이 교육과정의 내용

은 로직트리Logic Tree가 핵심이다. 하루 8시간 로직트리를 전개하는 것으로 채워져 있다. 왜 하루 8시간 동안 로직트리만 전개해 나가는 것일까.

역시 국내 굴지의 대기업인 H그룹. 섬유, 화학, 중공업, 건설 등 다양한 사업 분야에서 성과를 내고 있는 이 그룹은 신입사원 OJT가 활성화되어 있다. 그룹 연수원에서 신입사원 교육이 종료되면 각자 사업부로 배속되어 신입사원의 선배인 멘토와 함께 OJTOn The Job Training가 실시된다. 그리고 신입사원들은 그날그날 습득하고 배운 점을 OJT 일지에 작성해야 한다. 그런데 이들 신입사원이 매주 하나씩 더 작성해야 하는 것이 있다. 바로 로직트리이다. 왜 H그룹은 신입사원 교육 시 로직트리에 대해 교육을 하였음에도 불구하고 OJT 일지에 매주 하나씩의 로직트리를 작성하도록 과제를 부여하고 있는 것일까.

09 문제해결의 만능열쇠, 로직트리

로직트리란 문제해결을 위해 검토해야 할 이슈를 중복되거나 누락됨이 없이 상위 수준에서 하위 수준으로 전개해 나가는 도구이다. 큰 개념에서부터 작은 하위 수준으로 분해해 나간다. 왜 이렇게 분해를 해 나가야 하는 것인가. 우리가 해결해야 할 문제나 과제는 크기가 크고 서로 뒤엉켜 있어 모호하다. 따라서 그 자체로는 문제를 해결해 나가기가 어렵다. 따라서 트리로 하위 전개를 해 나가 명확성을 높여야 한다.

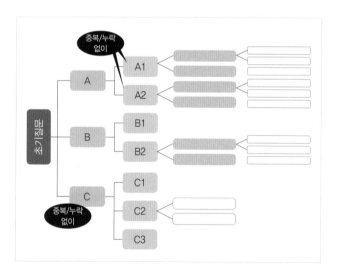

진행 방향은 좌에서 우로 간다. 그림에서 보는 것처럼 먼저 해당 이슈에 대해 필요한 질문을 해야 한다. 이를 초기 질문Initial Question이라고 한다. 자신이 해결해야 할 문제와 관련하여 의문 사항이나 궁금한 사안에 대해 스스로에게 질문을 하는 것이다. 초기 질문한 이슈를 먼저 1차 전개한다. A와 B, C로 나누어 본다. 그런데 이 A, B, C는 중복되거나 누락됨이 없어야 한다. 1차 분류에서는 반드시 중복되거나 누락됨이 없어야 한다. 2차 전개는 A1, A2, B1, B2, C1, C2, C3와 같이 전개하였다. 2차 전개 또한 가급적 중복되거나 누락됨이 없으면 좋다. 3차 전개 이후로는 '중복되거나 누락됨 없이'라는 원칙이 완벽하게 적용될 수는 없다. 중복되거나 누락됨이 없이 정보나 이슈를 분류하는 방식은 크게 Tool을 사용하거나 구성 요소 및 구성의 순서 관점에서 나누어 볼 수 있는데 이는 '07_복잡한 문제, 나누고 쪼개어라'에서 소개한 바 있으니 참고하기 바란다.

로직트리는 크게 세 가지 종류로 나누어 볼 수 있다. 바로 What Tree, Why Tree, How Tree가 그것이다. What Tree는 해결해야 할 문제의 구조나 구성 요소를 밝혀보는 것이다. '무엇이What 문제야?'라는 질문으로 하위 전개하여 핵심 문제를 찾아갈 때 유용하다. 어느 한적한 산골의 농장. 농장에서 키우는 닭과 오리들이 계속 죽는 일이 벌어졌다. 새벽 2~3시경 농장 주인이 잠든 시간에 범인이 농장으로 들어와 닭과 오리를 잡아먹고 사체 일부만 남겨 놓고 사라지는 것이었다. 농장 주인은 최근 농장 주변에 매가 가끔씩 나타나기에 매가 범인이 아닌가를 의심하고 있다. 범인이 누구인가를 What Tree로 분석해 보자. 이때 초기 질문은 '농장의 가축을 잡아먹는 범인은?' 정도로 진술하는 것이 타당할 것이다. 먼저 1차 전개를 해 보자. 중복되거나 누락됨 없이 나누어 본다면 사람, 짐승으로 구분해 볼 수 있을 것이다. 사람은 다시 농장 내부인과 외부인으로 2차 전개할 수 있다. 하지만 사람이 닭과 오리를 새벽에 잡아먹는 것은 상상하기 어려운 것이므로 더 이상 트리 전개를 하지 않는 것이 합리적일 것 같다. 반면 짐승은 날짐승과 들짐승으로 중복되거나 누락됨 없이 분류한다. 그리고 다시 야행성과 주행성으로 3차 전개를 한다. 그러면 날짐승 중 야행성과 들짐승 중 야행성이 유력한 범인으로 좁혀진다. 아래와 같은 What Tree를 통해 보면 매는 범인에서 제외된다. 왜냐하면 매는 야행성 동물이 아니라 낮에 주로 활동하는 주행성이기 때문이다.

Why Tree는 '왜Why 이 문제가 발생한 거지?'라는 질문으로 상위에서 하위로 전개해 나가며 문제 발생의 원인을 분석할 때 활용된다. 최근 식당을 오픈한 당신. 음식 맛

이 이상하다는 손님들의 불만이 꽤 많이 늘어난다. 당신은 왜 그런 것인지 원인을 분석하고자 한다. '음식 맛이 없다는 원인은?'이라고 질문을 한다. 그리고 음식 맛이 없는 원인에 대해 중복되거나 누락됨 없이 1차 전개를 해 본다. 주방의 요리사, 조리 방법, 음식 재료 그리고 음식이 많을 때 필요한 기구나 설비의 네 가지를 벗어나 생각하긴 어려운 것 같다. 이제 각각에 대해 2차 전개를 해 나간다. 요리사는 능력과 의욕으로, 조리 방법은 레시피와 방법, 음식 재료는 구매와 보관, 설비는 설비 그 자체와 기타로. 이 역시 중복되거나 누락됨이 없는 관점을 유지하려고 노력하였다. 3차 전개부터는 중복되거나 누락되는 부분이 있을 수도 있다. 그리고 각각의 분류 체계에서의 원인을 음식을 만드는 실력이 좋지 않다, 제대로 된 레시피없이 요리한다 등과 같이 진술하면 된다. 마지막으로 진술된 원인이 진짜 원인이 맞는지 하나하나 검증해 나가면 되는 것이다.

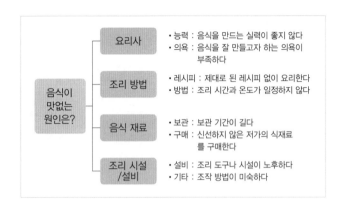

How Tree는 해결 대안을 찾을 때 쓰는 로직트리이다. Why Tree를 통해서 문제 발생의 원인이 도출되면 '어떻게 How 하면 이 원인을 제거할 수 있지?'라는 질문으로 하부 전개해 나가는 것이다. 분석을 통해 파악한 원인들을 어떤 방법으로 제거할 것인가를 검토하고, 전체적인 관점에서 해결의 방향과 방법이 연관된 것은 그룹핑 하고 압축하여 묶는다. 중복되거나 누락되지 않게 전개하는 것보다는 원인을 제거할 수 있는 핵심 요소가 무엇인가를 밝히는 것이 더 중요하다.

　핵심 성공 요인이 도출되면 구체적이고 명확한 세부 해결 과제들을 정리하여 진술하면 된다. 예를 들어 지방에서 올라와 자취를 하면서 직장을 다니던 회사원이 갈수록 살이 쪄서 몸짱이 되기로 결심을 했다고 가정하자. 초기 질문은 '몸짱이 되려면?'이 될 것이다. 현상 분석을 통해 갈수록 살이 찌는 원인들을 파악하고 검토하여 이들을 제거할 핵심 성공 요인, 즉 지속적인 운동 실시, 적절한 음식 섭취, 직장 내에서 칼로리 소모 최대화의 세 가지를 도출하였다. 그리고 각각의 핵심 성공 요인에 따른 구체적인 세부 실행 과제를 정리해 본다.

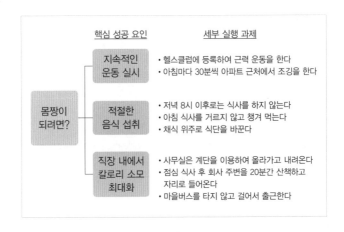

	핵심 성공 요인	세부 실행 과제

몸짱이 되려면?

지속적인 운동 실시
- 헬스클럽에 등록하여 근력 운동을 한다
- 아침마다 30분씩 아파트 근처에서 조깅을 한다

적절한 음식 섭취
- 저녁 8시 이후로는 식사를 하지 않는다
- 아침 식사를 거르지 않고 챙겨 먹는다
- 채식 위주로 식단을 바꾼다

직장 내에서 칼로리 소모 최대화
- 사무실은 계단을 이용하여 올라가고 내려온다
- 점심 식사 후 회사 주변을 20분간 산책하고 자리로 들어온다
- 마을버스를 타지 않고 걸어서 출근한다

Summary

LG그룹 경영기획실에 근무하며 전략 기획, 비전 설정, 전사 혁신 업무를 수행하다가 대기업을 대상으로 전략, 기획력, 논리적 사고 등을 강의하며 코칭하고 있는 이호철[*]은 로직트리 예찬론자이다. 그는 로직트리의 이점을 두 가지로 설명한다. 첫째, 로직트리는 논리적 사고력 발달에 매우 도움 된다. 논리력이 복잡한 것을 체계적이고

---

[*] 이호철(2009),『맥킨지식 문제해결 로직트리』, 어드북스.

간결한 구조로 정리하여 상대방에게 전달하는 것이라고 볼 때 로직트리는 이해가 쉬워 상대방에게 설명이 용이하다는 것이다. 둘째, 문제해결 능력도 향상된다. 전체의 모습을 한눈에 파악할 수 있어 큰 것과 그것에 속한 부분 간의 관계성이 명확해지고, 요소의 전체에서 무엇이 중요하고 무엇을 먼저 해야 할 것인지 판단이 용이해진다는 것이다. 지금 어떤 문제를 해결해야 하는가? What Tree로 이슈를 정리하고 분해하라. Why Tree로 분해한 이슈별 문제 발생의 근본 원인을 찾아보라. 그리고 How Tree로 해결 방안을 정리하여 제시하라.

문제해결의 만능열쇠, 로직트리

★ 로직트리

- 문제해결을 위해 검토해야 할 이슈를 중복/누락 없이 분석하는 도구
- 크기가 크고 뒤엉킨 문제를 트리로 하위 전개를 하여 명확성을 높이는 작업이 필요함
- 해당 이슈에 대한 질문을 먼저 한 후, 좌에서 우로 분석하며 전개해 나가는 방식
- 논리적 사고 및 문제해결 능력을 향상시킴

★ 로직트리의 종류

① What 트리 : 뭐가 문제야?

- 해결해야 할 문제의 구조나 구성요소를 밝히는 트리

② Why 트리 : 왜 이 문제가 발생한 거지?

  - 문제 발생의 원인을 분석하는 트리

  → 도출된 원인을 각각 하나씩 검증

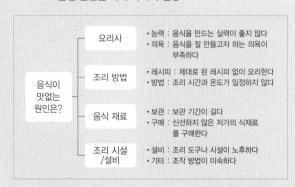

③ How 트리 : 어떻게 하면 이 원인을 제거할 수 있지?

  - 해결 대안을 찾을 때 사용하는 트리

  → 도출된 원인들을 서로 그룹핑 하여 핵심 요소를 밝히고, 명
     확한 해결 과제를 정리

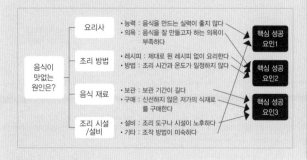

10

5Why,
문제의 근본 원인을 찾아라

#제퍼슨_기념관 #질문 #근본_원인 #대책 #통제_가능성 #재발_방지 #명확
#구체적

Ask In

미국 워싱턴 DC에 위치하고 있는 제퍼슨 기념관. 미국
의 제3대 대통령 토머스 제퍼슨 대통령의 탄생 200주년을
기념하여 개장한 것으로 알려진 제퍼슨 기념관은 워싱턴
DC 내에 내셔널 캐피탈 파크의 한 부분을 차지하고 있다.
주변에는 마틴 루터 킹 기념관, 링컨 기념관, 워싱턴 기념
탑 등 명소가 많으며, 포토맥Potomac 강과 인접한 인공 호수
타이들 배이슨Tidal Basin에는 봄이면 벚꽃이 만발하여 매우

볼만하다. 제퍼슨 기념관은 원형의 대리석 기둥으로 세워진 건축물로 제퍼슨이 좋아한 양식으로 지어진 것으로 알려져 있으며, 내부에는 제퍼슨 대통령의 동상이 세워져 있다. 제퍼슨 대통령이 작업에 참여했던 미국의 독립선언서도 벽면에 새겨져 있다.

그런데 언제부터인가 대리석으로 만들어진 이 기념관의 외벽이 부식이 되었다. 기념관장은 왜 기념관의 대리석이 부식되고 훼손되는지 이유를 찾아 보고하라고 하였으며, 기념관 외벽 청소 시 독성이 강한 세제를 사용하기 때문이라는 보고를 받게 되었다. 또한 독성이 강한 세제를 사용하는 것은 비둘기들이 많이 날아와 기념관 외벽에 배설을 하여 말라붙어 있는 비둘기의 배설물을 제거하기 위한 것이라는 설명이었다. 하지만 기념관이 취한 최종적인 조치는 저녁에 기념관을 밝히는 조명을 주변 건물들보다 2시간 후에 점등하는 것이었다. 도대체 왜 기념관의 외벽이 부식되는데 조명의 점등 시간을 조정한 것일까?

물론, 기념관장이 "외벽에 붙어 있는 비둘기의 배설물을 제거하기 위해 독성이 강한 세제를 사용한 것이 부식의 원인"이라는 보고를 받았을 때 갑자기 조명의 점등 시간을 바꾸라고 지시한 것은 아니다. 처음 기념관이 취한 조치는 비둘기가 많이 날아드는 것을 막기 위해 관람객들이 비둘기에게 모이 주는 행위를 금지한 것이다. 아무래도 기념관이 공원 내에 위치하고 있어 비둘기들이 많은데다가 워싱턴의 주요 관광코스라 관람객들이 많이 와서 비둘기들에게 모이를 줘서 비둘기들이 점점 많이 날아왔기 때문이었다. 하지만 모이 주는 행위를 금지했음에도 비둘기는 계속 날아왔고 기념관의 외벽 부식도 점점 심해졌다. 그래서 기념관 측에서는 비둘기에게 모이 주는 것을 금지했음에도 왜 비둘기들이 계속 날아오는지 파악해 보았고, 비둘기들의 먹이가 되는 거미들이 기념관에 많이 서식하고 있었기 때문임을 알게 되었다. 그래서 이번에는 거미를 없애기 위해 작업을 했지만 거미는 제거 작업을 한 당시에만 사라지고 곧 다시 나타났다. 거미가 사라지지 않고 계속 번식한 것은 거미의 먹이가 되는 나방들이 기념관으로 많이 날아왔기 때문이었다. 그리고 제퍼슨 기념관은 건물이 웅장하게 보일 수 있도록 주변 다른 건물보다 30여 분 일찍 조명을 밝혔는데 이것이 나방이 몰려드는 원인임이 밝혀졌다.

이제 문제의 근본 원인이 밝혀졌다. 방문객과 관광객을 위해 한밤에 대낮처럼 밝게 밝힌 기념관의 조명을 보고 나방이 떼를 지어 날아왔고, 이것을 먹는 거미가 서식하게 되고, 거미를 먹이로 하는 비둘기가 많이 날아와 배설물이 쌓이면서 강한 세제로 배설물 제거 작업을 하다 보니 외벽에 부식 현상이 발생하게 된 것이다. 기념관 측에서는 조명을 기존보다 두 시간 후에 점등하게 하여 나방이 제퍼슨 기념관을 목표로 떼 지어 오는 것을 막고, 이에 따라 거미가 서식하는 것을 막았으며, 비둘기가 날아오는 것도 방지하여 결국 외벽이 더 이상 부식되지 않도록 조치를 취한 것이다. 즉 기념관 외벽 부식이라는 문제 발생의 근본 원인을 제거한 것이었다.

만약 기념관 측에서 외벽에 붙어 있는 비둘기의 배설물을 제거하기 위해 독성이 강한 세제를 사용한 것이 원인이라는 보고를 받았을 때 지속적으로 모이 주기를 금지하고 비둘기가 날아오는 것을 방지하려고만 했다면 문제가 해결되지 않았을 것이다. 왜냐하면 비둘기가 지속적으로 날아오는 근본 원인이 제거되지 않았기 때문이다. 외벽의 부식이라는 문제의 원인에 대해 '왜1Why 외벽이 부식했을까'라고 질문하여 독성이 강한 세제라는 원인을 찾은후, '왜2Why 독성이 강한 세제를 썼을까'라고 질문하여 비둘기 배설물이라는 원인을 찾았고, '비둘기는 왜3Why 많이 날아올까'라고 질문하여 비둘기의 먹이가 되는 거미가 많이 서식하기 때문이라는 원인을 찾았다. 또한 '거미는 왜4Why 이렇게 많이 서식할까'라고 질문하여 나방이 많이 날아오기 때문이라는 원인을 찾았으며, '나방은 왜5Why 많이 날아올까'라는 질문을 하여 주변 다른 건물보다 30분 일찍 조명을 밝히는 것이라는 근본 원인을 찾아내 해결 방안을 도출하는 과정을 '5Why'라고 한다.

5Why는 주어진 문제에 대해 원인이 무엇인지 계속해서 이유를 물어 가장 근본이 되는 원인을 찾는 방법으로, 문제의 원인을 끝까지 추적하면 저절로 해결안이 나온다는 발상에서 비롯된 것이다. 문제 발생의 근본 원인을 제거하지 않고 피상적인 원인을 제거하려고 하면 문제가 사라지지 않는다. 근본 원인을 끝까지 추적하고 최종의 왜라는 질문에 대한 대책을 세우는 것이다.

리홈 쿠첸의 리빙사업부에서 시작하여 2015년 8월, 밥솥과 전기레인지 등 가전제품 회사로 설립된 쿠첸. 경쟁사의 전기밥솥이 시장을 독점하다시피 한 상태에서 쿠첸의 고민은 커졌다. 밥솥은 곧 쿠첸이라는 등식을 떠올릴 수 있도록 인지도를 높이고 싶었던 것이다. 광고주의 이러한 요구에 광고기획자들은 5Why를 하게 된다.

1Why 왜 쿠첸의 인지도 제고가 필요한가?

- 쿠첸 밥솥의 판매량이 줄어들고 있었기 때문이다.

2Why 왜 밥솥 판매량이 줄어들고 있는가?

- 주 사용자인 주부들이 밥솥 자체에 관심이 없기 때문이다.

3Why 왜 주부들은 밥솥에 관심이 없을까?

- 왜냐하면 주부들은 밥하는 것을 지겹다고 느끼고 있었기 때문이다.

4Why 왜 주부들은 밥하는 것을 지겹다고 느끼고 있을까?

- 주부들이 쉬는 날 없이 매일 밥을 해야 하기 때문이다.

5Why 왜 주부들이 쉬는 날 없이 매일 밥을 해야 하는가?

- 남편이 도와주지 않기 때문이다.

5Why를 통해 많은 주부들이 남편이 해 주는 밥을 먹고 싶어 한다는 점에 착안하여 남자가 지어 주는 밥, 이왕이면 로맨틱한 남자가 지어 주는 밥이라는 컨셉을 광고에 적용하게 되었다. 이에 따라 쿠첸의 광고 모델은 2010년

이효리에 이어 2012년 장동건이 맡게 되었으며, 2016년에는 송중기가 발탁되었다. 실제 장동건과 송중기를 모델로 한 쿠첸의 전기밥솥 광고는 많은 인기를 얻었고, 쿠첸의 인지도를 올리는 데 공헌을 하게 되었다.

그렇다면 5Why는 계속해서 '왜?'라고만 질문해 나가면 되는 것인가? 5Why를 통해 근본 원인을 찾기 위해서는 몇 가지 유의해야 할 사항이 있다.

① 확실한 대책이 나올 때까지 '왜?'라고 질문하라

문제의 원인을 분석하는 것은 빨리 문제를 해결하는 것보다는 해결한 이후 재발하지 않도록 확실한 대책을 만들기 위함이다. 여기서 확실한 대책이란 '향후 동일한 문제가 더 이상 발생하지 않도록 개선'해야 한다는 것이다. 즉 문제가 재발하지 않아야 한다는 것이다. 그리고 혹시라도 재발한다면 쉽게 그 원인을 파악하여 문제 발생의 전 단계로 되돌릴 수 있어야 한다는 의미이다. 다른 생산

라인은 이상이 없는데 특정 생산 라인에서 제품 한쪽 측면에 이물 현상이 나타났다고 가정하자. 왜 그런가 원인을 분석하였더니 '라인의 볼트가 느슨해진 것'이 최종 원인이라고 밝혀졌다고 할 때, '볼트를 제대로 다시 돌려 끼워 넣는다'라는 대책은 확실한 대책이 아니다. 왜냐하면 한 번 느슨해진 볼트는 또다시 빠질 수 있기 때문이다. 즉 재발할 가능성이 있다는 것이다. 볼트가 느슨해졌다. 왜 느슨해졌을까? 한 번 더 '왜?'라는 질문을 할 필요가 있다. 이를 통해 '볼트의 직경이 작았다'라는 답을 얻었을 때, 그렇다면 '현재의 8번 사이즈 볼트를 9번 사이즈 볼트로 교체한다'라는 대책이 좀 더 근본 원인 제거에 접근한 것이다.

재발하지 않는 확실한 대책을 만들기 위해서는 사람의 태도나 심리적 측면의 원인은 가급적 지양하는 것이 좋다. 생산 현장에서 작업자들이 가끔 머리를 다친다. 1Why를 한다. 왜 작업자들이 머리를 다칠까. 천장의 낮은 모서리에 부딪히기 때문이라는 답을 얻었다. 이제 2Why를 한다. 왜 천장의 낮은 모서리에 부딪힐까. 정신 차려 제대로 보지 않고 이동하기 때문이라는 답을 얻었다. 향후 생산 현장의 관리자는 작업자들에게 현장에서 이동할 때는 정신 차려 앞을 똑똑히 보고 걸으라는 지시를 할 것이다. 하지만 이는 공허한 구호로 끝나고 말 가능성이 크다. 향후에도 바빠서 정신없이 이동하거나 땅바닥을 보면서 가다가 천장의 낮은 모서리에 또 부딪히게 될 것이다. 이때 생산 관리자는 또다시 작업자의 정신 상태를 탓할 것인가. 왜 멍청하게 자꾸 모서리에 부딪히느냐고. 차라리 천장의 낮은 모서리를 재설계하거나 낮은 모서리에 부딪혀도 다치지 않을 보호대를 설치하여 작업자들의 머리가 다치는 문제를 해결하는 것이 더 합리적인 대책일 것이다. 그래야만 확실하고 재발도 방지하는 대책이 될 것이기 때문이다. 따라서 사람의 의식, 태도를 바꾸어 무엇인가 개선하려는 대책보다는 하드웨어hardware적이거나 물리적인 것, 제도 또는 프로세스를 개선하는 방향으로 대안을 개발해야 한다.

② 이상한 Why가 나오면 즉시 되돌아가라

반도체나 LCD모니터 등 방진이 필요한 생산 현장의 클린룸Clean Room 내에 먼지가 규정한 양을 넘어서 증가하고 있다는 것을 발견하였다. 당연히 '왜 먼지가 증가하고 있는가'라는 질문을 할 것이고, '원래 생산 설비에서 미세하게 먼지가 발생하기 때문이다'라는 답을 얻었다. 이후 두 번째 '왜 전과 달리 규정한 양을 초과하여 생산 설비에서 먼지가 발생할까?'라고 질문하였고 '유휴 생산 설비 없이 모두 가동되고 있기 때문'이라고 원인을 찾았다. 세 번째 '왜 유휴 생산 설비 없이 모두 가동되고 있을까'라는 질문에 '생산해야 할 물량이 많기 때문'이라는 원인이 나왔고 네 번째 '왜 생산해야 할 물량이 많은가'라는 질문에 '주문이 넘쳐난다'는 원인이 나왔다면 어떤 대책이 나올 것인가. 이익을 추구하는 기업이 고객으로부터 주문을 받지 말아야 하는 것인가. 기업 경영 활동에서 당연한 내용이 원인으로 나오면 이상한 대책이 나올 수밖에 없다.

그렇다면 이상한 Why가 나오지 않도록 예방하려면 어떻게 해야 할 것인가. '왜?'라는 질문을 할 때 해답에 대해 문제해결 당사자 입장에서의 '통제 가능성' 여부를 판단해보는 것이다. 배를 타고 바다에 나가 물고기를 잡을 때 낚싯줄이 끊겼다. 이 문제에 대해 '왜 낚싯줄이 끊겼을까'라고 질문하고 '물고기가 너무 컸다'라는 해답을 찾았다고 가정하자. 이때 다음 질문은 '왜 물고기가 너무 컸을까?'라고 질문할 수밖에 없다. 그렇다면 해답은 '원래 큰 물고기 종種이니까'일 것이고 '왜 그 물고기는 큰 종일까'라고 질문하면 '신神이 그렇게 만들었으니까'라는 답이 나오게 될 것이다. '왜 낚싯줄이 끊겼을까'라는 질문에 대한 대답으로 '낚싯줄에 걸려 올라온 물고기가 너무 컸다'란 것은 문제해결을 해야 하는 당사자 입장에서는 통제할 수가 없는 요인이다. '왜 낚싯줄이 끊겼을까'라는 질문에는 '낚싯줄의 강도가 저하되었기 때문이다' 혹은 '처음부터 강도가 낮은 낚싯줄이었기 때문'이라는 답을 찾아야 한다. 그래야 타당한 해결책을 도출할 수 있다.

③ 명확하고 구체적인 단어를 활용하라

5why를 해 나가는 것은 문제 발생의 근본 원인을 밝히려는 것이다. 이때 Why라는 질문에 '관리 방식이 안 좋기 때문'이라거나 '재료가 나쁘다'와 같이 받아들이는 사람마다 다르게 해석할 여지가 있는 단어로 분석하는 것은 좋지 않다. '팀장들의 팀원에 대한 면담이 없기 때문'이라거나 'A업체의 재료가 규정보다 10% 미달된 조건임에도 입고되었기 때문'과 같이 명확하고 구체적인 단어를 활용하여 불필요한 해석이나 논란이 되지 않도록 분석해야 할 것이다.

Summary

근본 원인을 밝히고자 하는 것은 가급적 최소의 비용과 시간으로 문제를 해결하려는 것이다. 이것은 기업이 추구하는 효율성과 관련이 있다. 잘못된 것을 원인이라고 판단하여 대책을 세워 실행하다 보면 문제가 사라지지 않고 재발하여 오히려 최초 문제 발생 때보다 기업의 자원을 더 투입해야 할 것이다. 아! 반드시 다섯 번 Why를 할 필요는 없다. 5Why는 근본 원인을 찾아야 한다는 철학이자 관점에 가깝다. 근본 원인이 밝혀졌다면 2Why나 3Why에서 끝나도 된다. 혹은 근본 원인을 찾을 때까지 Why를 계속해 나가도 된다.

5Why, 문제의 근본 원인을 찾아라

★ 5Why 기법

- 문제의 근본 원인을 찾기 위해 계속해서 문제에 대해 질문하는 것
- 문제 발생의 근본 원인을 제거하지 않고 피상적인 원인만을 제거한다면 문제는 사라지지 않기 때문

Ex) C 브랜드 밥솥의 시장점유율 상승을 위한 5why

1Why 왜 C 브랜드의 인지도 제고가 필요한가?
→ C 브랜드 밥솥 판매량이 줄고 있으니까
2Why 왜 밥솥 판매량이 줄어들고 있는가?
→ 주부들이 밥솥에 관심이 없으니까
3Why 왜 주부들은 밥솥에 관심이 없을까?
→ 주부들은 밥 하는 게 지겨우니까
4Why 왜 주부들은 밥 하는 게 지겨울까?
→ 주부들은 쉬는 날 없이 매일 밥을 하니까
5Why 왜 주부들은 쉬는 날 없이 매일 밥만 하는가?
→ 남편들이 안 도와주니까

★ 5Why 유의 사항

① 확실한 대책이 나올 때까지 질문하기
② 이상한 Why가 나오면 되돌아가기
③ 명확하고 구체적인 단어 활용하기

11

팩트를 수집하고,
팩트로 주장하라

#선택적_지각 #맥킨지식_문제해결 #사실_근거_fact #분석_계획 #분석_내용
#수집_방법

Ask In

혹시 'The Flat Earth Society'라고 들어본 적이 있는가?
영어를 그대로 옮기자면 '평평한 지구 학회' 정도로 번역
할 수 있을 것이다. 그렇다. The Flat Earth Society는 평평
한 지구 학회로, 지구는 평평하다고 주장하는 사람들로
이루어진 모임이다. 이들은 지구는 그동안 우리가 알고
있는 것처럼 둥글지 않고, 원반형이며 우리가 북극이라고
알고 있는 것이 원반의 중심에 있다고 주장한다. 이러한

주장을 듣게 되면 우리는 많은 의문점이 생기게 된다. 지구가 둥글지 않고 평평한 원반형이라면 언젠가는 지구의 끝을 만나는 것인가? 둥글지 않으니 중력은 더 이상 필요 없다는 것인가? 아폴로의 달 착륙은 무엇이며, 이때 촬영한 원형의 지구 모습은 어떻게 설명해야 하는 것인가? 이러한 질문에 대한 평평한 지구 학회의 대답은 명확하다. 원반의 바깥쪽은 매우 높은 높이의 얼음벽으로 둘러싸여 있고, 지구가 평평하므로 중력은 없다는 것이다. 또한 아폴로의 달 착륙은 거짓이며, 사진 또한 조작되었다고 한다. 평평한 지구 학회의 이런 주장을 듣고 있자면 매우 당황스럽다. 왜냐하면 그것은 우리가 사실이자 진실이라고 알고 있는 것에 대해 부정확하고 근거 없는 주장을 하고 있기 때문이다.

Solution

사실에 근거하지 않은 이들의 주장을 듣고 있다 보면

당황스러움을 넘어 황당한 느낌마저 든다. 모든 사람들이 있는 그대로를 제대로 바라볼 수 있는 이성적이고 객관적인 시각을 가지고 있다면 사물을 바라보는 왜곡 현상은 나타나지 않을 것이다. 이성적이고 객관적으로 사물을 바라보고 판단하지 않고, 믿고 싶은 부분만 바라보고 믿어 버리는 것을 '선택적 지각'이라고 한다. 자신에게 의미 있는 정보만 받아들이는 것을 넘어서 심할 경우 마음에 들지 않는 정보는 왜곡해서 받아들이기도 하는 것이다. 평평한 지구 학회는 자신에게 의미 있는 정보만 받아들이고, 마음에 들지 않는 정보는 왜곡해서 지구가 둥글지 않고 평평한 원반형이라는 주장을 21세기에 하고 있는 것이다. 이성적이고 객관적으로 사물을 바라보지 않으면 잘못된 대안이나 합리적이지 않은 선택을 할 가능성이 높다.

2015년 어느 역사학자는 강연장에서 다음과 같이 연설하였다. "현재 우리나라는 좌파가 범문화계 진지 구축을 완료하고 후속 세대를 장악했습니다. 출판계의 90%, 예술계의 80%, 교육·언론계의 70%, 학계의 60%를 좌파가 장악하고 있습니다. 심지어 연예계도 70% 좌파가 헤게모니를 장악했습니다." 우리나라 문화계를 좌파가 장악했다는 역사학자의 주장은 사회적으로 꽤 이슈가 되었으나, 위와 같이 주장한 바로 다음 날 라디오 토론 프로그램에 출연했다가 망신만 당했다. 토론 프로그램을 진행하는 진행자가 패널로 참석한 역사학자의 소속과 이름을 청취자에게 소개한 후 다음과 같이 질문을 했기 때문이다. "교수님! 어제 어느 강연장에서 현재 우리나라 문화계를 좌파가 장악했다고 하면서 수치까지 말씀하셨는데, 그 수치는 어떤 연구 결과에서 나온 것인가요?" 강연장에서 호기롭게 자신의 주장을 펼쳤던 역사학자는 90%, 80%, 70% 등의 수치는 학술적인 연구 결과로 나온 것은 아니며, 연구자로서 보았을 때 그 정도 수치가 될 것이라는 자신의 직관에 따른 것이라 답변하였다. 결국 강연장에서 설명했던 그의 주장은 한순간에 거짓말이 되어 버렸다. 라디오 토론 프로그램을 듣고 있던 청취자들이 이후 그 역사학자의 주장을 계속 신뢰할 수 있을까? 개인적인 몇몇 경험들을 확대 해석 하는 이와 같은 일반화의 오류는 매우 경계해야 하는 사안이다.

문제 발생의 원인이나 해결 방향을 설정할 때 다양한 정보와 사실에 근거해서 해석하고 전략을 수립하지 않고, 주변의 한두 사례만 보고 마치 전체의 모습인 것처럼 판단할 경우 잘못된 방향으로 전개될 수 있다. 또한 상사로 하여금 잘못된 의사결정을 유도하여 결국 제대로 된 문제해결 활동을 수행할 수가 없게 된다. 문제해결의 첫출발은 바로 사실, 근거에서 시작해야 한다. 맥킨지 컨설팅의 컨설턴트 출신 에단 라지엘[*]은 이렇게 말한다.

"맥킨지의 문제해결은 사실에서 시작한다. 프로젝트가 발생한 첫날, 맥킨지의 팀원들은 문제의 본질을 잘 파악

---

[*] 에단 라지엘(2003), 이승주, 이창현 譯, 『맥킨지는 일하는 방식이 다르다』, 김영사.

할 수 있는 충분한 사실들을 수집하기 위해 각종 자료들을 샅샅이 수집하고, 첫 회의를 준비한다. 문제해결을 위한 초기가설을 세운 후에 즉시 필요한 사실들을 모아 가설을 검증하거나 기각한다."

문제해결 활동에서 사실과 근거, 즉 팩트가 그 첫 출발점임을 말하는 것이다. 에단 라지엘은 문제해결 활동에서 사실과 근거가 왜 그렇게 중요한지에 대해 두 가지로 설명하고 있다. 바로 사실은 첫째 육감의 한계를 보충하며, 둘째로 신뢰감을 형성한다. 경험을 쌓고 지위가 높아 다양한 분야에 대해 많은 것을 듣고 보고 배운 상사에게 당신의 주장이 옳다는 것을 보여주려면 사실과 근거가 뒷받침되어야 한다. '문제 발생의 원인이 이것이다'라고 주장할 때는 그것이 문제 발생의 원인임을 뒷받침하는 근거와 자료가 있어야 한다. 뒷받침하는 근거나 자료를 찾기 전까지 당신이 설정한 문제 발생의 원인은 잠정적 원인이며, 가설이다. 따라서 당신이 주장하는 가설을 검증해야 한다. 가설은 팩트 수집과 분석을 실시하기 전에 미리 그 과정이나 결론을 추정하는 사고방식이다. 문제가 발생했을 때, 바로 문제의 장면으로 뛰어들어 원인을 찾기보다는 문제 발생의 원인을 가설적으로 검토하고 자신이 설정한 가설이 맞는지 팩트를 통해 확인하는 것이 더 효율적이다. 따라서 문제 발생의 원인을 정리하고 진술할 때는 가급적 실증 조사를 통해 검증할 수 있는 수준으로 간단명료하게 표현해야 한다. 그리고 설정한 가설의 검증을 위하여 자료를 수집하고 분석함에 있어 시행착오를 줄이고 효율성을 높일 수 있도록 가설별로 분석 계획을 수립하는 것이 좋다.

분석 계획을 수립할 때는 분석 내용, 자료원, 수집 방법, 일정 등을 명시하여 체계적이고 효과적인 검증이 이뤄지도록 해야 한다. 분석 내용이란 무엇을 통해 가설의 진위 여부를 증명하고 논리적 근거의 타당성을 검증할 수 있느냐는 What에 대한 것이고, 자료원은 분석에 필요한 자료를 얻을 수 있는 정보나 데이터의 출처 Where에 관한 것이다. 수집 방법은 최소의 자원 투입을 통해 가장 양질의 정보나 데이터를 얻을 수 있는 방법으로 How에 관한 것이고, 일정은 자료 수집에 필요한 소요 시간 또는 납기로 When에 대한 것이다.

예를 들어 어느 회사의 이러닝 담당자가 이러닝 전반에 대한 회사 직원들의 만족도를 높여야 한다는 문제를 해결하기로 하였다. 이러닝 담당자는 회사 직원들이 자사의 이러닝에 만족하지 못한 이유에 대해 잠정적 원인을 분석해야 할 것이다. 그리고 다음과 같이 원인을 도출하였다. 먼저 회사의 이러닝 정책 운영과 관련하여 수강 인원이 제한되어 있어 듣고 싶은 교육을 듣지 못한다, 수강 신청 기간과 학습 기간이 분리되어 있어 학습 대기 시간이 길다, 업무에 정말 필요한 교육과정이 많이 없다, 하드웨어적 관점에서 통신망 회선 속도가 낮아 서비스 속도가 저하된다, 소프트웨어적 측면에서는 화면으로 제시되

는 이러닝 외에 보조 자료가 없어 추가적 학습이 어렵다
의 다섯 가지로 정리되었다고 가정하자. 이들 다섯 가지
원인은 아직까지는 사실과 데이터로 입증되지 않은 문제
해결자인 당신의 가설이다. 따라서 이 가설의 진위를 파
악하기 위해 정보를 수집·분석해야 할 것이다. 그리고 앞
서 제시한 분석 계획 수립의 요소 적용한 정보수집계획서
를 작성한다면 다음과 같을 것이다.

이슈 구분	가설	분석 내용	분석 방법	자료원	일정
정책 운영	수강 인원이 제한되어 있어 듣고 싶은 과정을 듣지 못한다	각 과정의 신청자 숫자와 실제 수강 인원수	DataBase 분석	학사 관리 시스템 DB	8월 27일
정책 운영	수강 신청 기간과 학습 기간이 분리되어 학습 대기 시간이 길다	수강 신청 후 학습 시까지 대기 시간	DataBase 분석	학사 관리 시스템 DB	8월 25일
정책 운영	업무에 필요한 교육과정이 많이 없다	필요 교육과정과 이러닝 개설 과정 일치도	필요 교육 과정 : 설문 분석	설문지 개발 후 직원 설문 실시. 이러닝 개설 교육과정 List	9월 10일
하드웨어	통신망 회선 속도가 낮아 서비스 속도 저하	학습자 접속 시 회선 속도	이러닝 교육 시스템 트래픽 분석	이러닝 교육 운영 시스템	8월 30일
소프트 웨어	보조 자료가 없어 추가적인 학습이 곤란	각 과정의 보조 자료 등록현황	각 과정의 보조 자료 등록 개수 파악	학사 관리 시스템 DB	8월 31일

이제 정보수집계획서에 따라 선입견 없이 하나하나 사실을 확인하면 된다. 학사 관리 시스템 DB나 이러닝 교육 운영 시스템 등을 찾아 자료를 수집하고, 직원들에게 필요한 교육과정이 어떤 것인지 설문도 해야 할 것이다.

Summary

초기 잠정적 원인, 즉 가설을 설정하고 그것을 입증하기 위해 필요한 정보와 사실, 근거를 수집하는 것은 따분하지만 중요한 일이다. 에단 라지엘이 언급한 것처럼 문제해결 활동에서 사실과 근거는 육감의 한계를 보충하며, 주장에 신뢰성을 부여한다. 선입견을 배제하고, 문제해결에 필요한 사실과 근거를 수집하기 위해서는 정보수집계획을 수립하고, 이것을 토대로 활동을 하는 것이 효과적이며 효율적이다. 자료의 출처를 항상 밝혀야 하며, 가급적 정량적 사실과 근거를 수집하라. 사실과 근거를 토대로 주장해야 함을 잊지 말아야 한다. 그렇지 않으면 당

신의 상사가 당신의 주장을 평평한 지구 학회의 주장처럼

황당하게 느낄 수도 있을 것이다.

팩트를 수집하고, 팩트로 주장하라

- 선택적 지각이란 객관적으로 사물을 판단하지 않고, 믿고 싶은 부분만을 보는 것
- 선택적 지각은 합리적 선택을 방해하기 때문에 문제해결을 위해서는 다양한 사실들을 통해 전략을 수립해야 함
- 문제해결의 첫출발은 사실과 근거의 수집으로 시작됨

★ 사실과 근거의 중요성

- 육감의 한계를 보충
- 신뢰감 형성
- → 근거나 자료를 찾기 전까지의 주장은 잠정적 원인이고 가설일 뿐

★ 가설별 분석 계획 수립

① 분석 내용 : 무엇을 통해 가설의 진위 여부를 증명하는가? (What)
② 자료원 : 분석하는 데 필요한 정보와 데이터의 출처는? (Where)
③ 수집 방법 : 어떻게 최소의 자원으로 양질의 정보를 얻는가? (How)
④ 일정 : 자료 수집에 필요한 시간과 납기는? (When)

정보를 수집할 때에는 자료의 출처를 명확히 밝히고, 정량적 사실과 근거를 수집해야 함

12

벤치마킹으로 새로운 방식을
재창조하라

#벤치마킹 #짐_자무시 #헨리_포드 #피카소 #모방 #현장_지향적 #맞대면

Ask In

2012년 MBC에 입사한 김소영 아나운서. 김소영 아나운서는 〈MBC 뉴스데스크〉, 〈뉴스 투데이〉의 앵커를 맡았었고, 뉴스 프로그램 외에도 〈통일전망대〉, 〈김소영의 영화음악〉을 진행했으며 〈굿모닝 FM 노홍철입니다〉의 세계문학전집 코너에도 출연하였다. 하지만 그녀는 2017년 8월 정들었던 회사를 떠나게 된다. 프리 선언을 한 후 김소영 아나운서는 SNS를 통해 "백수가 되고 어느새 두 달,

하루 한 번 산책하는 습관을 들였는데 걸을수록 마음이 가고 어느새 고정 산책로가 되어버린 곳에서 재미있는 일상을 상상해봤어요. 상상은 점점 커지고 꿈은 부풀어 오르고 동네 책방은 모두가 상생 업종이라고 하죠. 어차피 돈 벌기는커녕 유지하기조차 힘들어서요. 대놓고 취향 타는 모든 책을 직접 고르고 제멋대로 강요하는 공간을 만들어볼까 합니다."라고 적으며, 서점 운영 계획을 알렸다. 물론 퇴사한 그해 12월에 기획사와 계약을 맺고 프리랜서 방송인으로 활동을 시작했지만 기획사와 계약하기 몇 개월 전 김소영 아나운서는 퇴직금을 투자하여 마포구에 서점을 오픈하였다. 그리고 서점을 오픈하기로 한 결정은 즉흥적인 것이 아니라 퇴사하기 전부터 준비된 것처럼 보인다. 왜냐하면 김소영 아나운서가 남편과 함께 부산이나 일본 여행을 다니며 서점을 방문한 사진을 인스타그램에 알린 바가 있기 때문이다.

Solution

책 읽기를 좋아하는 당신이 평생 책과 함께 살고 싶어 앞서 소개했던 김소영 아나운서처럼 '퇴사 후 퇴직금을 투자하여 서점을 오픈하겠다'라고 결심했다. 당신은 서점 오픈을 위해 여러 가지 준비를 해야 할 것이다. 무엇부터 할 것인가? 서점을 어디에 운영하는 것이 좋은지 위치를 알아볼 것인가? 퇴직금만으로 부족한 투자금을 은행에서 얼마까지 대출이 가능한지 알아볼 것인가? 그렇다면 김소영 아나운서는 어떻게 했을까? 김소영 아나운서는 퇴사 전후 여유로운 시간을 활용하여 국내외 여행을 다니며 많은 서점들을 방문했고 어떻게 운영되는지 살펴보았다. 특히 김소영 아나운서는 일본의 한 독립 서점에서 큰 감흥을 받았다고 한다. 독립 서점은 '작은 책방'의 개념으로 개인이나 1인 출판사가 만들어 기존의 도서 유통망에서 판매하기 어려운 책을 주로 취급하는 곳이다. 최근엔 단순히 책을 판매하는 공간을 넘어 문화의 생산 및 소비까지 확장하며 문화 사랑방으로 자리매김하고 있다.

사회 취향 반, 주인 취향 반으로 도서를 판매하고 있다는 김소영 아나운서의 서점 또한 독립 서점처럼 고객들이 책도 읽고 커피도 마시며 삼삼오오 모여 책을 매개로 대화를 할 수 있는 곳이다. 한쪽 벽면에는 서점의 베스트셀러 10이 게시되어 있는데, 기존의 베스트셀러나 신간 위주가 아니라 아직 발견되지 않은 책이나 사람들이 잘 모르는 책들로 구성해서 주목 받는 계기를 만들고자 했다. 김소영 아나운서처럼 다른 사람이 운영하는 서점들을 방문하여 그들의 운영 방법을 배우고 나의 서점 운영에 적용하는 것을 바로 벤치마킹benchmarking이라 한다.

벤치마킹[*]이란 어느 특정 분야에서 우수한 상대를 찾아 자신의 기업과의 성과 차이를 비교하고 이를 극복하기 위해 그들의 뛰어난 운영프로세스를 배우면서 자기 혁신을 추구하는 경영 기법이다. 즉 기업들이 특정 분야에서 뛰어난 업체를 선정해서 상품이나 기술, 경영 방식을

* 지은실(2009), 『인적자원관리 용어사전』, 한국학술정보.

12 벤치마킹으로 새로운 방식을 재창조하라

배워 자사의 경영과 생산에 합법적으로 응용하는 것으로 다른 기업의 장점을 배운 후 새로운 방식을 재창조한다는 점에서 단순 모방과는 다르다고 말할 수 있다.

주어진 문제에 대해 아무리 창의적인 해결책을 찾으려 해도 혼자서는 좋은 아이디어가 떠오르지 않는 법이다. 혼자 끙끙거리며 고민하기보다 다른 사람들이나 조직은 어떻게 이 문제를 해결하였는지 살펴보는 것이 훨씬 더 효율적이다. 이는 역사적 인물들도 동의한 명제이다. 천재 영화감독으로 알려진 짐 자무시는 "그 어떤 아이디어도 오리지널한 것은 없다. 난 다 훔쳤다."라고 했고, 자동차의 아버지 헨리 포드는 "내가 직접 창조한 것은 하나도 없다. 다른 이들이 한 것을 가져왔을 뿐이다."라고 하였으며, 대표적인 입체파 화가인 피카소는 "좋은 예술가는 베끼고, 위대한 예술가는 훔친다Good Artists Copy, Great Artists Steal." 라는 명언을 남겼다. 역사적인 인물의 말이 와닿지 않는다면 비즈니스 기업 현장과 밀접한 인물의 이야기를 살펴보자. 세계 굴지 기업들을 대상으로 경영컨설팅을 하는 맥킨지컨설팅의 컨설턴트 출신인 에단 라지엘[*]은 "어떤 문제를 다루건, 누군가 비슷한 일을 미리 했을 가능성이 높다. 다른 사람이나 조직의 성공과 실패에서 교훈을 얻어라."라고 주장했다. 또한 "우리는 어떤 것을 아무리 잘해도 우리보다 더 잘하는 사람이 있게 마련이며, 이 말은 비즈니스에도 진리로 통하므로 해당 분야에서 제일 잘나가는 회사가 무엇을 하는지 알아내서 그것을 모방하라."라고도 했다.

그렇다면 어떻게 벤치마킹을 준비하고 실행하는 것이 좋을까? 벤치마킹을 효과적으로 추진하기 위한 절차를 제시하면 다음과 같다.[**]

---

[*] 에단 라지엘(2003), 이승주, 이창현 譯,『맥킨지는 일하는 방식이 다르다』, 김영사.

[**] LG Display, 〈문제해결 사내 매뉴얼〉

12 벤치마킹으로 새로운 방식을 재창조하라

① 준비 단계

먼저 벤치마킹을 하고자 하는 목적에 가장 부합하는 대상을 선택한다. 이때는 벤치마킹을 통해 해결하고자 하는 자사의 조직 활동을 확인하고, 활동 성과를 정량적으로 표현하는 성과지표를 검토한 후, 성과지표 상에서 우수한 성과를 보여주어 배울 만한 가치가 있는 상대를 선정한다. 퇴직금을 투자하여 동네 서점을 운영하기로 한 아나운서의 입장에서 먼저 어느 서점을 벤치마킹해야 할지 찾아보아야 할 것이다. 흔히 우리가 알고 있는 대형 서점을 찾아가 보는 것이 합리적일까? 사람들이 많이 다니는 중심가에 위치한 기업형 대형 서점을 찾아서는 도움이 될 만한 정보를 많이 얻을 수는 없을 것이다. 그것보다는 동네에서 운영 중이면서 성과를 내고 있는 서점들을 찾아가 보는 것이 더 효과적일 것이다. 그래서 김소영 아나운서는 도서/출판 시장이 활성화된 일본 여행을 통해 그런 서점들을 발견한 것이다.

② 비교 대상의 분석

가능한 수행 성과의 차이를 정량화하여 비교 상대의 우수한 운영 방식을 확인한다. 그리고 자사에 접목할 수 있는 우수한 운영 방식이 무엇인지 검토한다. 국내 여행과 일본 여행을 통해 '독립 서점'이라는 운영 방식을 보았을 것이다. 그리고 독립 서점이기 때문에 가능할 수도 있는 '큐레이션 서점'이라는 운영 방식 또한 보았을 것이다. 큐레이션 서점이란 맞춤형 도서 제공 서비스를 하는 서점이다. 고객이 읽어보고 싶은 책을 직접 선택한 후 결제하고 나오면 되는 대형 서점과는 달리 큐레이션 서점은 그날 고객의 기분이나 평소 관심사를 토대로 책을 추천해준다. 또한 이들 서점은 간단한 베이커리와 차를 제공하거나 저자와의 대화 시간을 갖기도 한다.

③ 문제해결 활동 전개

분석했던 비교 대상의 수행 결과에 영향을 미치는 것으로 파악된 핵심 성공 요인 즉 성과의 차이 요인을 검토

12 벤치마킹으로 새로운 방식을 재창조하라

한다. 이들 요인 중 평가를 통해 자사의 상황에 적합한 핵심 성공 요인을 결정한다. 비교 대상의 분석 결과를 자사의 상황에 맞게 적용할 수 있도록 계획을 수립하고, 실제 활동으로 연계한다. 활동의 지속과 성과의 가시화를 위해 계속 모니터링을 해야 한다. 김소영 아나운서는 '독립 서점', '큐레이션 서점'이라는 핵심 요인을 자신이 오픈할 서점에 적용한 것이다. 그녀는 서점을 방문한 고객들과 만나 책에 대해서 이야기하고, 추천을 해 준다. 일일이 대화하기 힘들 경우를 대비하여 자신의 의견을 책 위에 올려놓기도 한다. 그녀의 서점에서는 긴 책상에 앉아 책을 읽는 사람, 두런두런 이야기를 나누는 사람들을 쉽게 발견할 수 있다.

Summary

우리는 상사로부터 어떤 업무 지시를 받으면 당장 인터넷 검색을 한다. 아무래도 손쉽게 다양한 정보를 얻을 수 있기 때문이다. 하지만 도서관이나 구글링을 통해서는 벤치마킹 대상의 우수한 성과나 운영 방식에 대한 살아있는 정보를 구하기 어려운 경우가 많다. 현장 지향적이며 살아있는 생생한 목소리를 들으려면 실제 우수한 운영 방식을 현장에 적용하고 있는 담당자와 맞대면하여 이야기를 들어보는 것이 좋다. 서점처럼 열려 있는 공간은 고객의 자격으로 찾아가 이런저런 운영 방식을 관찰할 수 있다. 하지만 '원가가 자사보다 12%가 낮은 회사의 노하우'를 알려고 불쑥 그 회사를 찾아가면 되는 것일까? 어느 날 갑자기 벤치마킹을 하려고 하니 만나자고 하면 상대방은 부담을 느낄 가능성이 크다. 생면부지의 사람에게, 그것도 경쟁사일지도 모르는 상대방에게 자사의 우수한 운영 방식을 소개하기란 어려운 일일 수도 있다. 따라서 평상시 업계 사람들이 모이는 세미나, 교육, 학회 등에 참석하고 교류를 할 필요가 있다. 그런 곳에서는 이론적인 내용뿐만 아니라 전반적인 업계의 트렌드, 자사의 우수한 성과 등을 소개하며 상호 토론하는 장면이 많이 발생한다.

또한 발표자나 참가자들과 같은 고민을 하는 사람이자 동료로써 동일한 주제나 이슈에 대해 상호 토론하고 교류하면 좀 더 효과적으로 벤치마킹을 할 수 있을 것이다.

벤치마킹으로 새로운 방식을 재창조하라

- 벤치마킹 : 특정 분야의 우수 대상과 자사의 성과 차이 극복을 위
해 대상의 운영 프로세스를 배우며 자기 혁신을 추구하는 것
- 무언가를 시작하려 한다면 먼저 목적에 부합하는 대상을 검토하
고 자사에 적용할 점을 찾아보는 과정이 필요함

★ 벤치마킹 절차

① 준비 : 목적에 부합하는 대상을 선택하라
- 벤치마킹을 통해 해결하고자 하는 자사의 조직 활동 확인
- 활동 성과를 정량적으로 표현하는 성과지표 검토
- 검토한 성과지표에서 우수한 성과를 보이는 대상 선정
② 비교 대상 분석 : 자사에 접목할 수 있는 운영 방식을 찾아라
- 대상과의 수행 성과의 차이를 정량화하여 상대의 우수한 운영
방식 확인
- 자사에 접목할 수 있는 것이 무엇인지 검토
③ 문제해결 활동 전개 : 대상의 핵심 성공 요인을 찾아라
- 자사의 상황에 적합한 성공 요인을 결정
- 자사에 적합하도록 계획 수립
- 실제 활동으로 연계

서적과 인터넷으로는 현장감 있는 정보를 구하기에 한계가 있음

평소의 교류를 통한 살아있는 벤치마킹이 중요함

13

회의를 혁신하여
경쟁력을 높이자

#회의 #3S #화이트보드 #다이어그램 #3S #소수_인원 #짧은_시간
#스탠딩_회의

Ask In

많은 직장인들이 회의會議를 하자고 하면 회의懷疑부터 한다는 우스갯소리가 있다. 직장인들이 회의에 대해 부정적으로 생각하는 이유는 많다. 회의 진행자가 혼자 말을 하고 끝내 버리는 일방적 회의, 다 같이 모여 문제해결의 대안을 모색해야 하는데 특정인이 일방적으로 대안을 결정하는 회의, 주제를 벗어나 회의의 안건이 제대로 지켜지지 않는 회의, 원인에 대한 상호 책임 공방만 있고 대안 논의는 없는 회의, 회의로 결정한 사안을 흡연실에서 이야기하면서 뒤바꿀 만큼 가벼운 회의 등 다양한 사유로 직장인들은 회의를 달가워하지 않는다. 이 밖에도 회의가 언제 끝날지 알 수 없어 노심초사하는 참가자, 조는 참가자, 심지어 회의에 시간을 빼앗기기 싫어 다른 핑계와 명분을 들며 고의로 불참하는 경우도 있다. 서기는 노트북에 회의 내용을 그대로 타이핑하여 넣기만 하고, 회의 운영자는 혼자서 떠든다. 그렇다. 대부분의 회의들이 다음과 같은 전형적인 모습을 갖고 있다.

· 발언자는 정해져 있고, 일방적으로 결론이 난다
· 듣는 사람마다 내용을 다르게 이해하여 회의가 끝나면 발언 내용을 해석해야 한다
· 예정 시간보다 길어진다

지금 현재도 우리의 직장에서 일어나고 있는 전형적인 비생산적 회의의 모습이다. 문제를 해결하겠다고 모여 머

리를 맞대고 논의를 하는 회의가 이런 모습이라면 제대로 된 해결 대안이 나올 수 있을까.

Solution

보통 회의라고 하면 다음과 같은 전형적인 모습을 떠올릴 수 있다. 사전에 회의를 한다는 통보 메일이 온다. 그러면 사안과 직접적으로 관련된 사람뿐만 아니라 간접적으로 관련된 사람 그리고 해당 사안에 대해 진행 경과를 알면 좋은 사람 등 많은 사람들이 회의에 참여하여 보통 한 시간 이상 회의실에 앉아서 배포 자료를 보면서 말로 정보를 공유한다. 서기가 있어 회의록을 작성하면 그나마 나은 상황이지만 간혹 서기가 없어 회의 내용과 결과에 대해 서로 다른 주장을 하기도 한다. 하지만 4차 산업혁명 및 스마트워크 시대에 기존의 전통적인 회의로 문제해결을 하기에는 비효율적일 수밖에 없다. 따라서 지금부터는 나가타 도요시가 제안한 콤팩트하고 효율적인 회의 방식을 소개하고자 한다. 나가타 도요시는 일본의 주요 기업에서 신규 사업 개발 등을 담당하는 임원, 디지털 관련 전문지 창간 운영의 일을 하다가 최근에는 e마케팅 회사에서 최고운영책임자로 활동하고 있다. 그는 『생각 정리를 위한 회의의 기술』이란 저서를 통해 3S 회의를 제안했다. 3S란 Small Numbers, Short Time, Standing이다. 먼저 Small Number는 소수 인원으로 회의를 하라는 것이다. 2~3명의 멤버가 참가하여 주제에 따라 실무적이고 건설적인 의견을 논의하라는 것이다. Short Time은 짧은 시간 집중해서 논의하라는 것이다. 한 회의의 주제는 하나로 하여 최대 30분 이내에 토론을 마칠 것을 제안한다. 마지막 Standing이다. 화이트보드 앞에서 참가자 전원이 일어서서 진행한다. 말로 설명하는 것이 아니라 다이어그램을 통해 내용을 정리해 정보를 공유하는 것이다. 나가타 도요시가 제안한 3S 회의에 대해 좀 더 구체적으로 살펴보자.

① 소수 인원(Small Numbers)

많은 기업들은 프로세스를 중요시 여긴다. 기업의 규모가 클수록 더욱 그러하다. 하지만 프로세스를 중요하게 생각하다 보면 의견 조정을 위한 회의가 잦아지고, 어떠한 사항을 결정하는 데 필요한 사람의 숫자도 증가한다. 의사결정의 속도도 느려지게 된다. 그러나 기업을 둘러싼 환경이 빠르게 변하는 만큼 회의에서도 빠른 의사결정은 필수적이다. 또한 의사결정의 속도와 함께 기업의 미래에 영향을 주는 중요한 요소는 혁신이다. 기존의 틀을 벗어난 참신한 발상과 사업 모델, 상품 컨셉에서 새로운 가치가 창출되고, 그 가치가 곧 기업의 경쟁력으로 이어진다. 따라서 문제해결을 위해 모인 참가자들이 혁신적인 아이디어를 교환하는 토론의 장으로서 회의가 자리매김해야 하는 것이다. 결국 해결해야 하는 문제와 관련된 2~3명이 모여 집중적으로 논의해야 빠른 의사결정, 창의적인 해결 대안을 도출할 수 있다.

② 짧은 시간(Short Time)

나가타 도요시는 3S 회의를 하면 30분 안에 회의를 끝낼 수 있다고 제안한다. 그리고 그렇게 해야 한다는 것이다. 왜냐하면 사람이 최대한 집중력을 발휘할 수 있는 시간이 15분에서 30분이기 때문이다. 몇 시간씩 계속되는 회의가 반드시 좋은 결과를 가지고 오는 것은 아니다. 오히려 15분에서 30분이라는 시간제한이 있어야 집중력을 끌어올릴 수 있고, 유익한 토론을 할 수 있다는 것이다. 집중하면 일이 즐겁게 느껴지고 성공이라는 목표에 한 발짝 더 가까워진다. 무언가에 몰두하고 집중하면 사람의 능력은 평상시보다 늘어난다. 우리는 위급한 상황에 처한 사람이 초인의 힘을 발휘한다는 속설이나 시간의 흐름도 잊을 만큼 몰입하는 경우를 알고 있다. 완전히 몰입하여 문제해결을 했을 때 무엇과도 바꿀 수 없는 성취감을 경험할 수 있다.

③ 화이트보드 앞에 서서 회의하기 (Standing)

나가타 도요시가 제안하는 3S 회의에서 가장 핵심이 되는 개념이 바로 화이트보드 앞에 서서 회의하기이다. 그리고 여기에는 화이트보드, 스마트폰 그리고 다이어그램이 필요하다.

먼저 화이트보드이다. 참가자들이 2~3명 정도밖에 되지 않으므로 짧은 시간 집중적으로 화이트보드 앞에서 머릿속에 생각하고 있는 것들을 다이어그램으로 정리하면서 회의를 진행하는 것이다. 그래야만 새로운 아이디어도 얻을 수 있다는 것이다. 그러면 왜 화이트보드일까. 나가타 도요시는 머리 회전이 빠르고 논리적으로 타인을 설득할 수 있는 사람은 화이트보드에 그림을 그리며 설명하기를 즐긴다고 주장한다. 참가자들이 화이트보드 앞에서 자신의 생각과 의견 등을 여러 가지 다이어그램으로 설명하면 진행이 훨씬 원활해지고 전체 내용을 쉽게 이해할 수 있게 된다. 회의실이 없어도, 테이블과 의자를 준비하지 않아도 괜찮다. 참가자는 전원 화이트보드 앞에 서서 그림을 그려 진행하고 찾아낸 아이디어 역시 그림으로 정리한다.

두 번째로 필요한 것은 스마트폰이다. 스마트폰은 회의가 끝난 뒤 회의록 대신 사진을 찍을 때 사용한다. 필요한 경우 스마트폰으로 촬영한 화이트보드의 그림을 회의 참가자들에게 바로 전송하도록 한다. 회의가 끝났으면 정보 공유를 위해 사진을 찍는다. 화이트보드에 그린 다이어그램을 스마트폰으로 찍어 자신을 포함한 참가자 전원에게 메일로 보내 회의록을 대신한다. 결론과 액션플랜이 어떤 과정을 통해 도출됐는지 사진 한 장으로 확인할 수 있기 때문이다. 3S 회의에서는 발언자가 중요하지 않기 때문에 기존처럼 회의록을 쓸 필요가 없다. 기존 회의에서 서기는 회의록 작성에 집중하기 때문에 토론에 참여하지 못했지만, 3S 회의에서는 모두 함께 회의에 집중할 수 있다.

마지막은 다이어그램이다. 다이어그램이란 시각전달을 위해 단순화된 기호, 점, 선으로 그린 도식을 말한다. 도표나 그래프 등의 통계 다이어그램, 기업의 조직도나 동물의 진화 과정을 설명하는 계통 다이어그램 등 말이나 글로 표현하기 어려운 내용을 설명할 때 매우 유용하다. 회의 시 화이트보드 앞에서 논의 내용을 다이어그램으로 표현하면 전체 내용과 구조를 한눈에 파악할 수 있다. 토론 내용이 아무리 복잡해도 다이어그램으로 단순화, 시각화하면 문제의 원인과 키워드가 확실해진다. 따라서 토론의 실마리를 쉽게 잡을 수 있다. 다이어그램으로 회의하면 토론 자체에 집중할 수 있는 장점도 있다. 말로 하는 설명은 내용보다 발언자에 집중하기 쉽다. 회의의 핵심 인물이나 지위가 높은 사람이 입을 열면 내용과 관계없이 그 사람에게 시선이 쏠리는 장면을 떠올릴 수 있을 것이다. 하지만 다이어그램으로 화이트보드에 그림을 그리며 회의를 하면 참가자는 상하관계를 따지지 않고 화이트보드에만 집중할 수 있다. 문제를 해결하고 성과를 올릴 수 있는 아이디어가 무엇인지, 다이어그램을 통해 실마리를 찾는 것이다. 다이어그램은 기본적으로 여섯 가지의 패턴이 있다. 논리적인 구조로 세분화하는 트리형, 가로와 세로축으로 세분화하는 매트릭스형, 흐름의 순서대로 세분화하는 프로세스형, 그룹으로 묶어 세분화하는 벤다이어그램형, 독립적인 요소로 세분화하는 새틀라이트형, 숫자와 수치로 세분화하는 차트형이다. 주제와 목적에 맞는 적절한 다이어그램을 선택하면 된다.

Summary

일반적으로 바람직한 회의라고 할 때 우리는 전원이 참여하여 자유롭게 자신의 생각을 말할 수 있어야 한다고 생각한다. 그리고 신속하고 효율적으로 진행되어 결론이 나야 한다. 나가타 도요시가 제안하는 3S 회의는 바람직한 회의의 요건과 일치한다. 3S 회의는 참가자 전원이 화이트보드 앞에 일어서서 진행하는 회의이다. 물론 앉아

13 회의를 혁신하여 경쟁력을 높이자

서 하는 평범한 회의가 몸은 편할 수 있다. 하지만 화이트 보드 앞에 서서 하는 회의의 가장 큰 장점은 개인의 아이 디어를 바로바로 다이어그램으로 표현할 수 있다는 것이 다. 서서 하기 때문에 잠자코 듣기만 하는 수동적 회의에 서 벗어나 문제를 해결하려는 강한 의지가 자연스럽게 나 타난다. 회의실도 No! 회의록도 No! 3S 회의로 문제해결 의 경쟁력을 높여보자.

회의를 혁신하여 경쟁력을 높이자

4차 산업, 스마트워크 시대에 어울리는 회의 문화가 필요함

★ 3S 회의

① 소수 인원(Small Numbers)
- 이해관계자의 수가 많으면 의사결정의 속도가 늦어질 수밖에 없음
- 작은 회의를 통해 빠른 의사결정과 창의적인 해결 대안을 내야 함

② 짧은 시간(Short Time)
- 사람의 집중력은 15~30분 정도이기 때문에 장시간 회의는 효과적이지 못함
- 짧은 시간 집중하여 문제를 해결한다면 성취감 또한 더 크게 다가옴

③ 일어서서 하는 회의(Standing)

ㄱ. 화이트보드
- 생각을 다이어그램으로 정리하며 회의를 진행하면 내용의 이해가 훨씬 수월함

ㄴ. 스마트폰
- 회의록 작성 대신 사진을 모두에게 공유
- 회의 결론과 액션플랜의 과정을 쉽게 확인 가능

ㄷ. 다이어그램
- 글로 표현하기 어려운 내용을 쉽게 설명
- 전체 내용과 구조를 한눈에 파악
- 문제의 원인과 키워드가 명확해짐

개인의 아이디어를 바로 표현하고, 문제해결의 의지가 강한 회의가
바람직한 회의라 할 수 있음

14

침묵을 깨고
아이디어를 끌어내는 방법

#케네디_대통령 #쿠바 #피그만_침공 #집단사고 #브레인라이팅 #지명반론법
#델파이_기법 #혁신_아이디어

Ask In

1961년 미국 케네디 대통령은 CIA를 비롯해 백악관 참모와 외교 전문가, 합참의장 등과 함께 군사작전에 대한 검토를 했다. 미국에 거주하는 쿠바 망명자 1,300여 명에게 군사훈련을 시켜 쿠바의 피그만Bay of Pigs으로 침투시킨다는 작전이었다. 이들 망명자들은 쿠바에서 추방된 반카스트로 세력으로 쿠바인들의 봉기를 유도해 소련을 배후로 반미정책을 펼치고 있던 카스트로 정권을 몰아내는 것을 목표로 하였다. 비록 소수였지만 피그만에 교두보를 확보하고, 미 공군의 지원을 받아 카스트로 군대와 싸운다면 승산이 있다는 결론이었다. 만장일치로 이 작전의 실행이 결정되었다. 그러나 어느 하나 계획대로 진행된 것이 없었다. 해안에 접근하면서 상륙정이 암초에 좌초되었다. 해변 마을에 전화가 없다는 첩보와 달리 통신 시설이 갖추어져 있었고, 그들의 침공 사실은 즉시 쿠바 상부에 보고되었다. 미 공군의 지원은 날이 밝아 취소되었고, 동이 틀 무렵에는 쿠바 공군이 상륙정과 보급선을 벌집으로 만들어 버렸다. 뒤늦게 미 공군의 지원이 시작되었지만 쿠바 공군에 의해 격퇴되고 말았다. 결국 1,200명이 쿠바 군에 의해 체포되고 말았다. 미국 정부는 포로를 넘겨받는 대가로 식량과 의료 지원비 명목으로 5천만 달러 이상을 지불했고, 카스트로 정권을 전복시키려 한 계획은 여론만 악화시킨 채 참담하게 막을 내렸다. 당시 피그만 침공을 결정했던 회의에 참가했던 백악관 안보보좌관 슐레진저는 "쿠바를 침공한다는 계획을 비도덕적인 것으로 여겼으나 공식 석상에서는 침묵을 지켰다. 누군가 반대 의견을 냈다면, 케네디 대통령은 계획을 취소했을 것이다."라고 진술했다. 당시 회의 참석자들은 모든 문제를 순조롭게 해결했다고 한다. 어느 누구도 논의된 주제에 대해 이의를 제기하지 않았기 때문에 회의는 신속하게 진행되었다.

Solution

방금 제시된 것은 '집단사고Group Think'의 대표적 사례이다. 집단사고는 미국의 심리학자 어빙 재니스가 그의 저서 『집단사고에 의한 희생자』에서 미국이 은밀하게 지원했던 피그만 침공이 실패한 이유를 분석하면서 제시한 개념이다. 응집력 있는 집단의 구성원들이 토론이나 논쟁을 통해 좋은 결정을 도출하기보다는 한 방향으로 쉽게 의견 일치를 보는 것이다. 즉 이의 제기나 대안 제시를 억제하고 비판적인 생각을 하지 않는 상태를 말하는 것이다.

미국은 쿠바의 군사력을 과소평가하였고, 침공의 배후가 미국임을 아무도 모를 것이라는 낙관적인 환상에 사로잡혀 있었다. 그래서 회의에 참여한 백악관 내부 소수 엘리트 집단인 미국 최고 고위 관료들이 동조 압력에 의해 미성숙한 의사결정을 한 것이다. 집단의 응집력과 획일성이 반대 의견을 억압하고 의사 개진을 자유롭게 하지 못하게 만들어 비합리적인 결정을 내리게 되는 것이다. 문제해결을 하기 위해 모인 팀에 이러한 현상이 발생한다면 어떻게 될 것인가? 기업에 존재하는 문제의 근본 원인을 파악하여 최선의 해결 방안을 도출해야 하는 문제해결 팀이 반대 의견을 억압하고 자유로운 의사 개진을 막아 잘못된 대안을 선택한다면 오히려 문제를 더 크게 만들 수도 있을 것이다. 따라서 집단사고를 방지하고, 합리적으로 문제를 해결하고 대안을 선정하기 위해서 다음의 세 가지 방법 −브레인라이팅, 지명반론법, 델파이 기법−을 고려해 볼 수 있다.

14 침묵을 깨고 아이디어를 끌어내는 방법

① 브레인라이팅(Brain-Writing)

자기주장을 내세우기 꺼리는 사람들이 많아 문제해결을 위한 회의 시 침묵의 시간이 많을 경우 사용할 수 있는 아이디어 창출 기법이다. 회의 참가자들이 결정을 내리기 위해 침묵 속에서 의견을 제시한 후 제한된 토의와 투표를 하게 된다. 침묵 속에서 진행되므로 개인의 사고를 최대한 살릴 수 있는 집단 발상법인데, 네 단계로 진행된다.

Step 1. 개인 아이디어 도출

문제해결 회의를 주관하는 운영자는 우선 각각의 회의 참가자들이 침묵한 상태에서 포스트잇Post-It에 개인별로 아이디어를 작성하게 한다. 포스트잇 하나에는 한 개의 아이디어만 작성하도록 하고, 가급적 일 인당 세 개 이상의 아이디어를 작성하도록 추천한다.

Step 2. 아이디어 기록

회의 진행자는 참가자들이 작성한 포스트잇을 받아 화

이트보드나 회의실 벽에 부착한다. 이때 유사한 아이디어는 그룹핑Grouping 한다. 포스트잇을 벽에 부착하면서 추가로 아이디어가 떠오르면 그것 또한 포함한다.

Step 3. 아이디어 공유

회의 참가자들이 침묵의 상태에서 작성한 아이디어가 모두 부착되어 있다면, 이제 해당 아이디어를 제시한 사람이 왜 그 아이디어를 추천했는지에 대해 전체 참가자에게 설명을 한다. 각각의 아이디어에 대해 제한된 시간 내에 설명을 듣고, 필요한 경우 토론을 한다.

Step 4. 아이디어 우선순위 결정

이제 회의 참가자들이 제안한 모든 아이디어가 공유되었으므로 투표를 한다. 문제를 해결하는 데 있어 가장 좋은 아이디어라고 생각되는 것에 각자가 비밀투표를 하고, 가장 많은 표를 받은 아이디어를 선택하는 것이다.

브레인라이팅은 문제의 종류가 민감하고 논쟁의 여지가 많아 개인의 의견을 도출하기 난감한 경우나 회의 참가자를 모두 등등한 조건에서 참여시키고자 할 때 활용하는 것이 좋다.

② 지명반론법

악마의 변호인Devil's Advocate이라는 단어를 들어본 적이 있는가? 말 그대로 하면 악마를 대변해 주는 사람이지만, 이 말은 중세 로마 가톨릭에서 추기경을 선발할 때 실질적인 검증을 하기 위해 일부러 후보자의 약점을 들추어내는 역할을 맡은 사람을 일컫는 말이다. 사람들은 자신이 선호하고 호의를 가지고 있는 것과 관련되는 정보는 쉽게 받아들이고, 자신의 의견에 반박하는 정보는 외면하는 경향이 있다. 따라서 자신과 뜻을 함께 하는 사람이 잘못된 생각을 하고 있을지도 모를 가능성을 염두에 두고 토론에서 일부러 반대 의견을 제시하는 사람을 두어 최선의 선택을 하고자 하는 것이다. 예를 들어 당신의 회사가 A회사 인수 문제를 토론하기 위해 회의를 열었다. 이때 참가자를 일부러 두 편으로 나누어 논쟁을 하도록 하는 것이다. 즉 회의 참가자의 개인적인 견해와는 관계없이 A사를 인수해야 한다고 주장하는 편과 역시 회의 참가자 개인의 견해와는 관계없이 A사를 인수하면 안 된다는 주장을 하는 편을 미리 지정해놓고 회의를 하여 두 편이 논쟁을 하도록 하는 것이다. "실사 결과 A사의 노사는 문제가 큽니다. 사측이 노노갈등을 만들려다 오히려 당한 적이 있고, 서로 신뢰가 전혀 없습니다."라고 주장할 때 "사측과 반목하는 노조로서는 경영진이 바뀌는 것을 긍정적으로 보지 않을까요?"라고 자신의 역할로서 반박하는 것이다. "공장 시설이 낙후되었습니다."에는 "생산을 오래 했다는 뜻이니 품질이 안정적이라고 봐야죠."라고 자신의 역할로서 반박을 계속 이어나간다. 이러한 과정을 계속 하다 보면 모든 정보를 종합적으로 분석하게 되므로 대안의 단점을 보완하여 현실 적용성을 높여갈 수 있다.

③ 델파이 기법(Delphi Technique)

델파이 기법은 한마디로 외부 전문가의 의견을 청취하는 것이다. 집단사고로 아이디어가 한정되어 문제해결에 어려움이 있을 때 전문가들에게 반복적인 피드백을 받아 의견을 도출하고 문제를 해결하려는 방식이다. 델파이 기법은 미국 랜드LAND연구소에서 개발해 IT, 연구개발, 교육, 군사 분야에 활용되면서 널리 퍼지게 된 것이다. 총 네 단계로 진행된다.

Step 1. 전문가 선정

먼저 검토하고 해결해야 하는 문제와 관련한 전문가 집단을 선정한다. 보통 30명 이내로 선정하며 최대 100명까지도 선정할 수 있다.

Step 2. 질문

선정된 전문가들에게 문제를 어떻게 해결하면 좋을 것인가 질문을 우편이나 전자메일로 보낸다. 보통 개방형 질문을 통해 전문가들이 자유롭게 자신들의 의견을 제시할 수 있도록 한다.

Step 3. 의견 수렴 후 재질문

전문가들이 질문에 응답한 내용을 우편이나 전자메일로 보내오면 이것들을 종합하여 전문가들에게 질문을 다시 보낸다. 이때는 개방형 질문을 통해 얻은 정보를 분석하여 선택형 또는 폐쇄형 질문으로 제시하는 것이 보통이다. 그리고 이런 절차를 두세 번 반복한다.

Step 4. 최종 합의 도출

마지막으로 최종의 해결 과제나 아이디어를 선정한다. 전문가들이 한자리에 모여 자신의 의견을 개진하는 것이 아니라 주로 우편이나 전자메일을 통해 의견을 내기 때문에 익명성이 보장되어 좀 더 자유롭게 의견을 제시할 수 있다. 여러 전문가들을 한 장소에 모이게 할 필요 없이 그들의 평가를 이끌어 낼 수 있고, 해결 방안을 선택하는 과정에서 타인의 영향력을 배제할 수 있다. 하지만 전문가들의 응답을 요약하고 정리하여 다시 질문을 보내는 과정이 반복되어 최종 결정이 될 때까지 시간이 많이 소요되는 단점이 있다. 따라서 신속한 의사결정을 필요로 하는 경우에는 델파이 기법의 사용이 제한적일 수밖에 없지만, 의사결정의 범위가 넓거나 장기적인 문제를 해결하는 데에는 유용하게 사용할 수 있다.

Summary

문제해결을 위한 회의에서 가끔씩 참가자들이 말을 하지 않거나 머뭇거리거나, 혹은 특정 참가자의 의견에 모두가 동조하는 경향을 보일 때는 조심스럽게 접근할 필요가 있다. 왜냐하면 집단사고가 나타나고 있는 것인지도 모르기 때문이다. 뜻과 생각, 고향이 같은 사람들로 이루어진 회의, 권위적인 리더 혹은 화를 잘 내는 리더가 이끄는 회의, 결정을 해야 한다는 시간의 압박, 참가자 지위의 차이 등은 집단사고를 형성시키는 토양이 된다. 따라서 문제해결 팀을 이끄는 사람은 구성원들이 자신의 아이디어나 의견을 솔직하게 말할 수 있도록 평소 자유로운 분위기를 만들어야 한다. 문제해결을 위한 회의에서 참가자들이 자신의 의견을 아무런 부담 없이 활발하게 제시하고 논쟁할 수 있어야만 창의적이고 혁신적인 아이디어가 나올 가능성이 높아진다.

침묵을 깨고 아이디어를 끌어내는 방법

- 집단사고(Group Think)는 응집력 있는 집단이 한 방향으로 쉽게 의견을 일치해 비판적 생각을 하지 않는 상태를 말함
- 집단사고는 비합리적인 의사결정을 내릴 확률이 큼

★ 집단사고를 방지하는 합리적 문제해결법

　① 브레인라이팅(Brain-Writing)
　　- 침묵 속에서 의견을 제시하고, 평가하는 방법

Step 1. 아이디어 도출 : 참가자 모두 개인별로 아이디어 작성

Step 2. 아이디어 기록 : 작성한 포스트잇을 한곳에 붙이고 그룹핑

Step 3. 아이디어 공유 : 해당 아이디어에 대한 설명 및 토론

Step 4. 우선순위 결정 : 가장 좋은 아이디어에 비밀투표

　② 지명반론법
　　- 토론 주제에 대해 찬성과 반대의 입장을 나눈 후 모든 정보를 종합적으로 분석

　③ 델파이 기법(Delphi Technique)
　　- 외부 전문가의 의견을 수렴

Step 1. 전문가 선정 : 문제와 관련된 전문가 집단 선정

Step 2. 질문 : 우편이나 이메일을 통한 개방형 질문

Step 3. 의견 수렴 후 재질문 : 응답 내용을 종합하여 재질문(선택형, 폐쇄형 질문)

Step 4. 최종 합의 도출 : 최종적으로 해결 과제, 아이디어 선정

→ 회의 시 모두 의견이 없고 특정 참가자의 의견에 모두 동조하는
  경향을 보일 때는 집단사고를 의심해 볼 필요가 있음
→ 참가자 모두 자신의 의견을 제시하고 논쟁할 수 있어야 창의적이
  고 혁신적인 아이디어가 나올 수 있음

14 침묵을 깨고 아이디어를 끌어내는 방법

15

강제적인 아이디어 발상이
필요할 때

#브레인스토밍 #스캠퍼_SCAMPER #Substitute #Combine #Adjust_Adapt
#Modify #Put_to_other_uses #Eliminate #Reverse

Ask In

브레인스토밍Brainstorming을 모르는 사람은 많이 없을 것이다. 어떤 한 가지 해결해야 할 문제에 관계된 사람이 모여 자유분방하게 아이디어를 내는 방식이다. 머리에 폭풍이 치는 것처럼 사람들이 모인 집단의 효과를 살려 아이디어의 연쇄반응을 일으키게 하여 창의적인 아이디어를 이끌어 내려는 방법이다. 따라서 브레인스토밍에서는 다른 사람 의견에 절대 비판을 하지 말 것, 자유분방한 사고와 분위기로 회의를 이끌어 갈 것, 아이디어의 질보다는 양을 추구할 것, 남의 아이디어에 편승하여 더 좋은 아이디어로 발전시킬 것 등의 원칙을 지켜야 한다. 자유롭게 아이디어를 내고 유사한 아이디어를 그룹핑Grouping 하여 문제해결에 적합한 아이디어를 분석하고, 최종적으로 우선순위를 결정한다. 브레인스토밍은 오스본Alex F. Osborne이 제안한 아이디어 도출 방식이다. 하지만 아이디어가 떠오르지 않으면 어떻게 할까? 자유분방한 분위기 속에서도 해결해야 할 문제에 대한 적절한 아이디어가 떠오르지 않는다면 말이다.

Solution

문제의 원인을 파악하고 논리적인 해결 방법이나 아이디어를 찾을 수 없을 때는 강제적인 발상법이 있다. 강제라는 단어가 다소 부정적으로 들릴 수 있으나 아이디어가 떠오르지 않을 경우, 특정 질문을 던져 보고 그 질문에 답을 하는 과정에서 창의적인 아이디어를 떠올려 보려는 노력이다. 브레인스토밍의 오스본은 이런 경우에 아홉 가지 체크리스트의 질문에 답을 하다 보면 지금까지 생각하지 못했던 실마리를 찾을 수 있을 것이라고 하였다. 그리고 오스본의 아홉 가지 체크리스트는 밥 에벌Bob Eberle이 일곱 가지로 재구조화해 이를 '스캠퍼SCAMPER'라고 불렀다. 일곱 가지 체크리스트의 첫 글자를 따서 기억하기 쉽게 만든 약어인 스캠퍼SCAMPER 기법을 활용하면 새로운 용도를 개발하거나, 품질을 개선하거나, 실용성을 높이는 아이디어 발상에 많은 도움이 된다는 것이다. 지금부터 밥 에벌[*]이 제시한 일곱 가지 강제 아이디어 발상법을 살펴보도록 한다.

① 대체하기(Substitute)

대체하기의 핵심 질문은 바로 '다른 것으로 대체할 수

---

[*] 밥 에벌(2008), SCAMPER ; Games and Activities for Imagination Development. Waco, TX: Prufrock Press.

없는가'이다. 즉 A 대신 B를 쓰면 안 되는가에 대한 물음이다. 기존의 제품이나 서비스, 결과물 등을 지금까지와 다른 무엇으로 대신할 수는 없는가, 또는 다른 소재는 없는가, 다른 접근법은 없을까라는 관점에서 질문하고 점검하는 것이다. 풀이 없을 때 밥알로 대신 붙인다거나 케이크를 만들 때 우유 대신 두유로 만드는 것도 대체하기의 일환이다. 그리고 휘발유를 대신하여 물, 수소로 가는 자동차를 개발하는 것도 대체하기의 사례라고 볼 수 있다.

② 결합하기(Combine)

말 그대로 'A와 B를 결합시키면 어떨까'라는 질문이다. 상호 짝짓기를 통해 새로운 시너지가 발휘될 수 있는 것이 없는가를 확인해 보는 노력이다. 합체하면? 섞으면? 이라는 질문이다. 맥가이버칼은 결합하기의 대표적 사례이다. 예전 TV 프로그램으로 인기를 많이 끌었던 미국 액션 드라마의 주인공 맥가이버가 위기의 상황에서 활용한 칼로써 맥가이버가 사용한 칼이란 의미의 맥가이버칼이 우리나라에서는 거의 고유명사처럼 되어버렸다. 많은 남자들이 맥가이버칼 하나 정도는 가져 보았던 경험이 있을 정도로 유명하다. 정식 명칭은 빅토리노스 스위스 아미 칼이라고 한다. 등산, 낚시 등 레저 생활에 필수품인 이 칼은 병따개, 통조림 따개, 와인 코르크 마개 따개, 드라이버, 가위 등 다양한 기능의 제품을 하나에 모두 모아 놓은 것이다. 복합기 또한 팩스, 복사, 스캔 기능을 결합시켜 놓은 대표적 제품이다.

③ 응용하기(Adjust 또는 Adapt)

'다른 것에서 아이디어를 빌릴 수는 없을까'를 살펴보는 것이다. A를 B에만 쓰지 말고 C에도 쓰면 어떻게 될까? 어떤 것을 다른 분야의 조건이나 목적에 알맞게 조정하는 질문을 하면 아이디어를 얻을 수 있다는 것이다. 가장 유용한 질문은 '흉내 낼 수 없을까?'이다. 딱풀버터는 좋은 예가 될 수 있다. 무엇인가 접착을 할 때 우리는 흔히 딱풀을 쓴다. 그런데 버터를 빵에 좀 더 손쉽게 바를 수 있도록 딱풀처럼 만든다면? 이런 아이디어로 나온 제품이 딱풀버터이다. 돌리면 고체로 된 풀이 나와 종이 등에 쉽게 바를 수 있는 딱풀처럼 딱풀버터는 돌리면 고체로 된 버터가 나와서 빵에 바르게 쉽게 되어 있다. 기존의 버터는 별도의 버터용 나이프로 떠서 발라야 했는데 이런 불편함을 없앤 제품이다. 유사한 방식으로 딱풀비누도 출시되었다. 응용하기의 사례는 공사 현장에서도 간혹 볼 수 있다. 보통 공사 현상에서 많이 보는 가림막은 공사로 인해 발생하는 소음이나 먼지, 안전 문제 등을 방지하기 위해 설치한다. 최근에는 미술 작품이 인쇄된 가림막을 사용해서 주변 사람들이 미술 감상까지 할 수 있게 만들어 놓는 곳이 있는데 이 역시 응용하기의 한 사례이다.

④ 변경·확대·축소하기(Modify-Magnify-Minify)

'바꿔 보면 어떨까, 크게 혹은 작게 하면 어떨까'를 고민하는 것이다. 바꿔 본다는 것은 의미, 색, 동작, 소리, 냄새, 모양 등을 다른 형태로 변형하는 것을 검토하는 것이다. 확대는 더 크게, 강하게, 높게, 길게, 두껍게 해 보는 것이며 축소하기는 더 작게, 가볍게, 낮게, 짧게, 얇게 해 보는 것이다. 전라도 군산의 포세이돈 조개전골집에서 판매하는 초대형 해물전골은 확대하기의 사례일 것이다. TV 프로그램에도 소개된 적이 있는 포세이돈 조개전골집은 해물전골과 조개구이 등을 주메뉴로 영업을 하는 곳이다. 전골 냄비의 가로 길이가 54센티미터로 초대형이다. 크기와 비주얼에 압도되어 푸짐하게 먹는다는 느낌을 갖게 된다. 이 밖에도 빅사이즈 전문점, 얇은 디지털 카메라, 1인용 카레 재료 세트, 1인용 볶음밥 야채 세트 등이 변경·확대·축소하기의 사례에 해당한다.

⑤ 용도 변경하기(Put to other uses)

'현재 상태에서 다른 용도로 사용할 수 없을까'를 질문하는 것이다. 어떤 제품을 A라는 용도로 쓰는데 B의 용도로 쓰면 어떨지 고민해 보는 것이다. 화천 숲속예술학교, 금강생태체험학습장, 인천교직원수련원, 지역사랑복지학교, 영월 곤충박물관, 인도미술박물관, 어린이농부 주말 농장 등은 공통점이 있다. 이들은 모두 지역의 폐교를 다른 용도로 활용한 사례이다. 도시화에 따라 지역에 위치한 학교 중에는 학생들이 줄어 폐교가 된 곳이 생겼고 이를 방치하면 흉물스러운 건물로 남게 되므로 지역 주민들을 위한 문화교육 공간으로 활용한 것이다. 또한 전라북도 무주에는 머루와인터널이란 것이 있다. 머루와인터널은 1988년부터 1995년까지 7년간 무주양수발전소 건설을 위하여 작업용 터널로 사용하던 곳이다. 높이 4.7미터, 길이 579미터로 발전소 건설 당시 수압관로 굴착 작업용이었다. 그러나 지금은 터널 내부에 지역특산품인 머루로 만든 와인을 저장·보관하고 있으며, 터널 안으로 더 들어가면 방문객이 머루와인을 시음하거나 구매할 수 있는 판매소가 마련되어 있다. 무주군의 특산품인 머루 재배 농가의 수익증대와 지역 경제 활성화를 위해 무주양수발전소에서 무주군에 협조하여 운영하는 시설물이다. 이는 굴착 작업용 터널의 용도 변경 사례라 할 수 있겠다.

⑥ 제거하기(Eliminate)

'A를 구성하는 요소 중 그 무엇을 제거하면 어떨까'라는 질문에서 출발한다. 삭제하면 더 좋아질 것이 없는가? 생략하면 어떨까?를 검토하는 것이다. 여성 전용 피트니스 클럽은 제거하기의 사례이다. 여성 전용 피트니스 클럽은 기존의 피트니스에 존재하는 남성이라는 요소를 제거하고, 여성들만의 공간으로 여성적 감성을 살리는 운동 공간으로 만든 것이다. 남성의 존재로 인해 생기는 불편함이 사라져 여성들이 좀 더 편하게 운동을 할 수 있다. 컨버터블 오픈카는 자동차의 지붕을 제거해 만든 것이다. 이렇게 기존의 것에서 일부분을 제거할 수 있을까 질문을 하다 보면 문제해결의 새로운 실마리가 되는 아이디어를 얻을 수 있다.

⑦ 반대로 하기(Reverse)

'AB를 BA로 바꾸면 안 될까'라는 질문이다. 흐름을 역행하거나 상하, 좌우를 뒤집거나, 순서를 반대로 하면 어떨까를 검토하는 것이다. 이탈리아의 설치 미술가 모니카 본비치니는 런던에 재미있는 미술 작품을 설치했다. 작품의 제목은 〈한순간도 놓치지 마라Don't Miss A Sec〉인데, 사방이 특수 유리로 되어 있는 공중화장실이다. 사람이 없을 때는 밖에서 안이 훤히 보이지만 사람이 들어가면 순간 유리가 변해 안에서는 밖이 훤히 보이지만 밖에서는 안이 보이지 않게 만든 것이다. 화장실에 대한 고정관념을 파괴한 사례로 널리 알려졌다.

Summary

지금까지 살펴본 스캠퍼의 단계별 질문 체크리스트는 강제 연상법에 해당한다. 맥도널드의 창업자 레이먼드 크록Raymond Albert Kroc은 이 기법을 활용해 아이디어를 많이 얻었다고 한다. 예를 들어 서빙 하는 종업원을 없애고 손님이 직접 가져다 먹는 식으로 기존의 것에서 불필요한 부분 '제거하기E'를 시도했으며, 먹기 전에 돈을 먼저 지불하는 '반대로 하기$_R$'를 적용하였다. 이처럼 스캠퍼의 질문에 대해 답을 찾다 보면 혁신적인 해결책이 나오게 된다. 문제해결 미팅에서 좋은 아이디어가 떠오르지 않는다면 일곱 가지 질문을 해 보자.

강제적인 아이디어 발상이 필요할 때

★ 강제적 발상법

- 아이디어가 떠오르지 않을 때, 특정 질문을 던지고 그 질문에
답을 하는 과정에서 '창의적 아이디어'를 떠올려 보는 것

★ 강제적 발상법을 위한 스캠퍼(SCAMPER) 체크리스트

① 대체하기(Substitute) : A 대신 B를 쓰면 안 될까?

② 결합하기(Combine) : A와 B를 결합하면 어떨까?

③ 응용하기(Adjust/Adapt) : A를 B에만 쓰는 것이 아니라 C에
도 쓰면 어떻게 될까?

④ 변경·확대·축소하기(Modify-Magnify-Minify) : A의 모양을
바꾸면 어떨까?, A를 더 크게 하면 어떨까?, A를 더 작게 하
면 어떨까?

⑤ 용도 변경하기(Put to other uses) : A제품의 용도를 B로 바
꿔 보면 어떨까?

⑥ 제거하기(Eliminate) : A를 구성하는 요소 중, 어떤 것을 빼면
어떨까?

⑦ 반대로 하기(Reverse) : AB를 BA로 바꾸면 안 될까?

16

창의적인 해결안을 위한
접근법

#창의력 #제로베이스_사고 #멕시코_올림픽 #포스베리 #높이뛰기
#가위뛰기_배면뛰기 #고객지향_사고 #사마천_사기 #조괄_조사 #벤치마킹

Ask In

문제를 정의하고 근본 원인을 밝히는 노력에 많은 시
간을 쏟아부었다. 문제의 원인이 명확해지면 다음에 할
일은 해결 아이디어를 찾을 차례이다. 문제를 해결할 수
있는 방법은 대부분 그 원인을 되짚어 보면 도출할 수 있
다. 문제의 원인이 신선하지 않은 식재료 때문이라면 거
래처를 바꾸어 신선한 식재료를 구입하고, 역량 부족이
원인이라면 교육과 멘토링 등으로 해결할 수 있다. 또한

사람이 부족한 것이라면 새롭게 채용을 하고, 판매 촉진 정책이 부진하다면 판매 촉진을 강화해야 할 것이다. 하지만 좀 더 창의적인 아이디어가 요구되는 기획이나 색다른 접근법이 필요한 경우가 있다. 문제해결자의 창의력이 가장 요구되는 지점은 바로 해결안을 도출할 때이다. 창의력은 무엇이고, 창의력은 어디에서 나오는 것인가? 지금부터는 창의력에 대해 살펴보기로 한다.

Solution

창의력은 비범한 대안을 만들어 내는 능력이라고 말할 수 있다. 기존의 방식이나 많은 사람들이 떠올릴 수 있는 일반적인 대안과 비교하여 더 많은 가치를 부여해 주는 대안을 찾아내는 능력이라고 할 수 있다. 창의적인 아이디어를 도출했던 수많은 사람들은 하루아침에 자다가 일어나서 "바로 이거야!"라고 획기적인 해결 방안을 찾았던 것일까? 그들의 창의적 아이디어의 원천은 무엇일까? 지

16 창의적인 해결안을 위한 접근법

금부터 창의적 아이디어를 도출하기 위한 접근법 네 가지를 소개하고자 한다.

① 제로베이스 사고(Zero-Based)

1968년 멕시코 올림픽에서 포스베리Fosbury는 높이뛰기 종목으로 금메달을 목에 건다. 그런데 그의 금메달이 더욱 값지게 느껴지는 것은 바로 그가 보여준 새로운 높이뛰기 방식 때문이었다. 초기 높이뛰기는 도움닫기를 한후 장애물 앞에서 두 다리를 가위처럼 벌려 뛰어넘는 가위뛰기가 일반적이었다. 그러다가 가위뛰기에서 좀 더 발전한 롤오버 방식이 정착하였다. 도움닫기를 한 후 장애물 앞에서 마치 엎드리듯 넘어가는 것이다. 하지만 1968년 멕시코 올림픽 높이뛰기 종목에서 포스베리는 아무도 시도한 적이 없는 배면뛰기로 금메달을 획득한다. 배면뛰기는 도움닫기 후 눕듯이 자세를 취하며 장애물을 넘는 방식으로 오늘날 높이뛰기에서 가장 많이 보게 된다. 1968년에 시도된 포스베리의 배면뛰기 방식으로 현재 대부분의 높이뛰기 선수들은 세계 기록에 도전하고 있다. 맥킨지컨설팅의 경영컨설턴트로 대기업을 대상으로 경영 및 마케팅 전략 컨설팅, 신규 사업 개발을 위한 코칭, 리더 교육 및 문제해결 기법 트레이닝 등 광범위한 분야에서 활약한 사이토 요시노리[*]는 창의적인 아이디어의 도출을 위해서는 지금까지의 선입견을 버리고 새로운 관점에서 대안을 찾으려는 접근이 필요하다고 말했다. 그리고 이것을 제로베이스 사고라고 한다.

제로, 즉 무無에서 시작하는 사고방식이다. 아무도 시도하지 않은 포스베리의 배면뛰기 방식은 롤오버 방식이라는 테두리를 벗어나야만 찾아낼 수 있는 것이었다. 따라서 제로베이스 사고에 방해가 되는 것은 '기존 관념'이다. 그중에서도 가장 방해가 되는 것은 자기 자신이다. 자신의 좁은 시야 내에서는 때때로 부정적 요소가 크게 보이기 때문에 결국 전체도 부정적으로 바라볼 수 있다. 자

---

[*] 사이토 요시노리(2009), 서한섭, 이정훈 譯, 『맥킨지식 사고와 기술』, 거름.

기 스스로 좁은 틀을 설정해 놓은 탓에 부정으로 치우쳐서 창의적 해결 대안을 찾기 어렵다는 것이다. 사이토 요시노리에 따르면 비즈니스 현장에서는 여러 가지 문제가 복잡하게 얽혀 있기 때문에 처음부터 전체의 모습이 간단하게 보이지 않거나 정의가 불가능한 경우도 많다. 이때가 바로 제로베이스 사고로 생각할 것인가, 혹은 기존 관념에 집착할 것인가의 분기점이 된다. 해결이 어렵다고 처음부터 기존 관념에서 벗어나지 못하고 작은 틀 속에서 한정적으로 사고하기 때문에, 틀 밖에 있는 해결책을 보지 못하거나 최악의 경우에는 틀 속의 부정적 요소를 매우 사소한 것까지 열거하면서 시작하게 된다. 한편, "어쩌면 틀 밖에 해결 가능성이 있지 않을까?"라고 생각하는 제로베이스 사고에서는 자신의 좁은 테두리를 넘어서 생각하고자 하기 때문에 해결책을 찾아낼 가능성이 높다. 결국 인식과 사고의 틀을 전환하기 위해서 무Zero에서 생각할 필요가 있다.

② 고객지향 사고

창의적인 아이디어를 도출하기 위해서 무에서 생각하는 제로베이스 사고가 필요하다고 하였다. 하지만 이는 어려운 접근법일 수도 있다. 살아오면서 쌓은 경험과 지식 등에 따라 세상을 바라보는 틀이 이미 형성되어 있어서 이러한 인식과 사고의 틀을 전환하기는 쉽지 않다. 따라서 제로베이스 사고와 함께 필요한 것이 고객지향 사고이다. 결국 우리가 회사에 근무하면서 일을 한다는 것은 고객의 요구를 찾아내어 만족시켜 주기 위해서이다. 따라서 항상 고객의 소리에 귀를 기울여 그들이 어떤 니즈를 가지고 있는지에 관심을 가져야 한다. 특히 오늘날과 같이 경쟁이 치열한 경영 환경 속에서는 고객이 가지고 있는 본원적 관심과 니즈를 찾아내고 이를 기업의 제품과 서비스에 잘 녹여내야 할 것이다.

③ 현장 중심 사고

단국대 김원중 교수는 『사기』의 완역자이다. 그가 완

역한 『사기』의 '염파·인상여 열전'에는 이런 사례가 나온다. 조괄趙括은 전국시대 조나라의 장수였으며 조사趙奢의 아들이었다. 조괄은 어릴 적부터 병법을 익혀 군사에 대해서는 당할 자가 없었다. 한번은 조사가 아들 조괄과 함께 군사 문제에 대해 토론한 적이 있는데, 조괄의 논리가 하도 정확해서 조사도 그를 당해 낼 재간이 없었다. 하지만 조사는 조괄의 능력을 인정하지 않았다. 조사의 아내가 그 까닭을 묻자 조사는 "전쟁이란 목숨을 거는 것이오. 그런데 조괄은 전쟁을 너무 쉽게 말하오. 조나라가 만일 조괄을 장군으로 삼는다면 조나라의 군대는 파멸할 것이오."라고 말했다. 전쟁의 두려움을 체감하지 못한 채, 병법을 논리로만 따지는 조괄의 생각이 위험하다고 느낀 것이다.

훗날 조나라 효성왕 때 진나라와 조나라 군대가 장평에서 대치하게 되었다. 조사는 이미 세상을 떠났고, 인상여는 병이 위독해서 염파가 장군으로 진을 대적하였다. 염파가 진나라의 공격을 잘 막아서 조나라가 전쟁에 승리

할 조짐이 보였다. 이에 진나라는 첩자를 이용해 조나라에 거짓 소문을 퍼뜨렸다. "진나라가 두려워하는 것은 오직 조사의 아들 조괄이 장군이 되는 것이다." 이를 들은 조나라 왕은 염파 대신 조괄을 장군으로 삼으려 했다. 인상여는 이를 만류했지만 조나라 왕의 생각은 변치 않았다. 그러자 이번에는 조괄의 어머니가 나서서 아들을 장군으로 삼지 못하게 했다. 왕이 이유를 묻자 조괄의 어머니는 이렇게 말했다. "조괄의 아버지 조사는 장군이었습니다. 왕이 상으로 내려 준 물품은 모두 군사들에게 주고, 출전 명령을 받으면 그날부터 집안일은 돌보지 않았습니다. 그런데 지금 제 아들은 하루아침에 장군이 되어 부하들의 인사를 받게 되었습니다. 하지만 누구 하나 제 아들을 존경해 우러러보는 이가 없습니다. 부디 왕께서는 제 아들을 보내지 마십시오." 하지만 조나라 왕의 마음은 쉽게 바뀌지 않았다. 결국 조괄은 염파를 대신하게 됐고, 장군이 된 조괄은 군령을 모두 바꾸고 군대의 인사를 단행했다.

이후 조나라는 어떻게 됐을까? 진나라 장군 백기는 달아나는 척하면서 조나라 군대의 식량 운송로를 끊고 진영을 둘로 나뉘게 했다. 40여 일이 지나자 조나라 군사들은 굶어 죽어 나갔고, 군사들의 마음은 조괄을 떠나버렸다. 결국 조괄이 정예 부대를 앞세우고 직접 싸우러 나갔지만, 진나라 군사가 쏜 화살에 맞아 죽고 말았다. 조나라 군대는 진나라에 항복했고 이듬해 진나라 군대는 조나라의 수도 한단을 포위했다. 일 년이 지난 후 조나라는 초나라와 위나라의 도움으로 겨우 포위망을 풀 수 있었다.

조나라가 탁상공론에만 익숙한 조괄의 등장으로 급속도로 허물어지는 과정은 우리에게 교훈을 준다. 중요한 기로에서 현실의 상황은 외면한 채 이론적으로만 합당한 답을 내고 있던 조괄은 나라를 풍전등화의 위험에 빠트렸다. 탁상공론의 위험함은 문제해결 시에도 마찬가지이다. 문제해결의 대상이 되는 현장을 직접 두 눈과 두 손으로 보고 느껴야 한다. 문제해결자가 현장은 무시하고 개념적인 접근만 한다면 사실이 왜곡되어 잘못된 해결 방식으로 접근할 수 있다. 따라서 문제해결의 답이 있는 현장을 찾아 현실을 제대로 보고 말해야 한다. 문제의 현장에서 정보를 수집하고, 사실을 발견하며, 원인을 분석해야 제대로 된 해결 아이디어를 생각해 낼 수 있을 것이다.

④ 벤치마킹

지금 당신이 고민하는 문제와 해결해야 할 과제는 이미 누군가가 먼저 고민하였을 가능성이 크다. 그리고 그 고민의 흔적은 어딘가에 존재하고 있을 것이다. 만약 해결해야 할 문제에 관한 선행 연구나 자료를 찾을 수 없다면 세 가지 중의 하나이다. 첫째는 당신의 고민이 세계 최초이며 그전에 누구도 고민을 하지 않았기 때문에 찾을 수 없는 것이다. 둘째는 당신의 고민이 고민할 만한 가치가 없어 아무도 고민하지 않은 것이다. 셋째는 당신의 정보 수집 역량이 지극히 낮은 것이다. 이들 세 가지 경우를 제외하고는 반드시 선행 연구나 관련 자료가 있게 마련이다. 따라서 다른 회사나 선진 기업의 제도, 추진 현황, 의견 등을 참고로 하여 더욱더 좋은 것으로 발전시켜 나가야 한다. 아무것도 없는 무無에서 갑자기 유有로 가기란 매우 어렵다. 기존의 아이디어와 생각들을 조금씩 더 발전시켜 나가는 것이다. 동종 업계나 선진 기업은 어떻게 이 문제를 해결하고 있는지에 대한 정보와 자료를 찾아 자신의 기업에 적용할 수 있는 것은 없는지 검토하다 보면 더 좋은 아이디어가 나타나게 마련이다. 그리고 이런 활동을 벤치마킹이라고 한다.

Summary

창의적인 문제해결의 아이디어를 찾아내기 위해서는 제로베이스 사고가 필요하다. 포스베리가 올림픽에서 배면뛰기를 선보였던 때처럼 지금까지의 선입견을 버리고 새로운 관점에서 대안을 찾으려고 해야 한다. 이는 창의적 아이디어를 얻기 위해 가장 필요한 접근법이다. 하지만 이것이 힘들다면 고객지향, 현장 중심의 사고와 벤치마킹을 하라. 창의적인 아이디어는 기존의 요소를 새롭게 조합한 것이다. 100%의 순수한 창작물은 존재할 수 없으며 중요한 것은 독창적인 조합이다. 이 문제에 대해 해당 고객은 어떤 생각을 가지고 있으며, 그들의 본질적인 니즈가 무엇인지를 밝혀내고, 탁상공론이 되지 않도록 현장에 직접 뛰어들어 두 손과 발로 만져보고 느껴야 한다. 그리고 다른 회사나 선진 기관의 장점을 배워야 한다. 이들을 모두 종합하여 당신이 해결해야 할 문제에 적용하면 가장 효과적으로 창의적 아이디어를 얻을 수 있을 것이다.

창의적인 해결안을 위한 접근법

- 문제해결 시, 원인 분석에만 그치지 않고 좀 더 창의적인 아이디어를 요구할 때가 있음
- 더 많은 가치를 부여해 주는 훌륭한 대안을 찾으려면 창의력이 필요함
- 효과적인 문제해결을 위해서는 창의적 아이디어 도출 접근법을 활용해야 함

★ 창의적 아이디어 도출 방법

① 제로베이스 사고

기존 관념에 갇히지 않도록 무(無)에서 시작하는 사고

- 기존 관념과 자신의 좁은 시야에 갇히지 않고 새로운 관점을 가져야 함
- 틀 밖의 해결 가능성을 항상 염두에 두어야 함

② 고객지향 사고

고객이 가진 본원적인 관심과 니즈를 파악

- 사람은 자신의 경험과 지식에 따라 세상을 바라보는 틀이 이미 형성되어 있음
- 고객의 본원적인 니즈를 자사의 제품과 서비스에 녹여내야 함

③ 현장 중심 사고

탁상공론이 되지 않도록 현장을 직접 보고 느끼는 사고

- 현장을 무시하고 개념적 접근만 하면 사실을 왜곡하고 잘못된 해결 방식에 도달할 수 있음
- 문제의 현장에서 정보를 수집하고 원인을 분석해야 함

④ 벤치마킹

해결해야 할 문제에 대한 선행 연구와 관련 자료를 검토

- 선진 기업의 제도, 추진 현황, 의견 등을 참고해서 좀 더 좋은 방향으로 발전시켜야 함

16 창의적인 해결안을 위한 접근법

17

심플하게 문제해결의 방향성을 제시하자

#결혼_준비 #신혼여행 #2×2_매트릭스 #BCG_매트릭스 #문제_명확화
#핵심_요소 #구조화

Ask In

결혼을 앞둔 어느 남녀. 퇴근 후 만난 두 사람은 결혼과 관련하여 준비할 사항들에 대해 이러저런 이야기를 나누고 있다.

여 : 청첩장은 됐고, 예식장은 자기가 예약했다고 했지?

남 : 그래, 자기가 말했던 곳으로 했지.

여 : 근데 신혼여행을 어디로 갈지 아직 결정을 못 했네.

남 : 하와이나 괌 어때? 많이 가잖아.

여 : 하와이나 괌이라… 그쪽으로 많이 가긴 가지.

남 : 하와이나 괌이 별로라면, 푸켓은 어때?

여 : 푸켓? 푸켓이 어디지?

남 : 태국에 있는 섬인데, 자연경관이 아름다워서 007 제임스 본드 영화도 촬영한 곳이야. 비용도 저렴하고.

여 : 신혼여행은 일생에 한번인데 비용은 너무 신경 쓰지 말자.

남 : 그럼… 프랑스 가 봤어? 낭만의 도시 파리로 가는 거지.

여 : 프랑스 파리라… 나쁘지 않지. 근데, 나 거긴 재작년 휴가 때 가 봤어.

남 : 그래? 음… 이거 신혼여행지 결정하는 것도 일이구만.

결혼을 앞두고 있는 커플에게는 신혼여행지를 선정하는 것도 큰일이다. 여성이 말한 것처럼 일생에 한번뿐일지도 모르는 중요한 이벤트인 신혼여행을 즐겁게 다녀오는 것이 희망찬 결혼 생활의 출발점이 될 것이다. 하지만

17 심플하게 문제해결의 방향성을 제시하자

이 커플의 경우 신혼여행지 결정 방법을 달리 해야 할 것 같다. 지금처럼 생각나는 대로 말하는 대신 다르게 접근해 볼 필요가 있다.

Solution

여기에 다른 커플이 있다. 역시 퇴근 후 만난 두 사람의 주제는 신혼여행지이다. "어디로 여행을 가는 것이 좋을까?"라는 여자의 물음에 남자는 자신의 가방에서 수첩과 볼펜을 꺼내 다음과 같은 그림을 그리고 이를 설명한다.

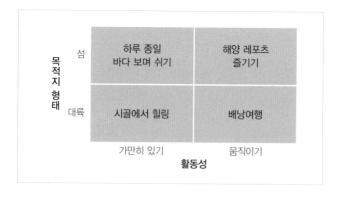

"자기야, 내가 생각했을 때 우리 신혼여행은 활동성과 목적지 형태라는 두 가지 관점에서 생각해야 할 것 같아. 그러면 크게 네 가지 컨셉이 나와. 이걸 봐. 먼저 목적지는 섬이고, 활동성은 가장 적어서 가만히 있는 휴양의 컨셉이 되는 거지. 에메랄드 빛 바다가 보이는 이국의 섬에서 여행 기간 내내 바다를 바라보고, 빈둥거리며 푹 쉬다 오는 거야. 그리고 목적지 형태가 대륙인 경우 가만히 있기는 한적한 외국의 소도시나 시골에서 여유로운 시간을 보내는 것이지. 반면 목적지가 섬이면서 움직이는 활동을 한다면 스노클링처럼 바다에서 경험할 수 있는 다양한 해양 레저 활동을 하거나 자전거를 타며 트레킹을 하는 거야. 마지막으로 대륙에서 움직이는 활동은 우리 둘이 배낭 메고 여러 나라를 돌아다니는 것이지. 어때? 이 중에서 어느 형태가 가장 맘에 들어?" 이제 여자는 곰곰이 생각을 하게 된다. 그리고 두 사람은 어떤 컨셉이 자신들의 행복한 신혼여행에 더 도움이 될 것인가를 생각해 본다. 두 사람 모두 결혼식 후 조용히 둘만의 시간을 가지며 피곤한

심신을 제대로 힐링할 필요가 있다는 것에 동의한다. 그러려면 사람들에게 잘 알려진 휴양지보다는 어느 이름 모를 소도시나 시골이 더 유리할 것이란 데 합의하였다. 즉 커플은 대륙의 어느 곳에서 한가로이 쉬면서 힐링을 하는 신혼여행을 선택한 것이다. 방향성은 정해졌다. 이제 두 사람은 한가롭게 쉴 수 있는 한적한 소도시를 찾아가면 된다.

결혼을 앞둔 커플의 이러한 사례는 흔히 일어날 수 있는 것이다. 하지만 첫 번째 사례의 커플처럼 신혼여행을 위한 각각의 후보지를 열거하다 보면 수많은 여행지가 의미 없이 나열될 가능성이 크다. 그러면 그것들 중 어느 곳을 선택할지 많이 난감하고 힘들어진다. 물론 행복한 고민이 될 수도 있겠으나, 효율적이지는 않다. 첫 번째 커플의 경우 신혼여행 컨셉 또는 방향성부터 정하는 것이 좋을 것 같다. 반면 두 번째 사례의 커플은 세부적인 대안을 개발하기 전, 전체적인 방향성을 어떻게 설정할 것인가에 대해 '2×2 매트릭스'로 검토하였다. 그리고 큰 방향성을 설정하고 그에 따른 구체적인 대안을 찾아갔다.

신혼여행지 결정을 위한 커플의 사례에서 보듯이 2×2 매트릭스는 매우 유용한 툴이다. 왜냐하면 문제를 보다 명확히 하여 대안을 만드는 데 도움을 주기 때문에 이해관계자들과의 의사소통을 쉽게 한다. 한마디로 효율적이다. 복잡한 문제 상황을 대립되는 이해관계의 조합으로 모델링하여 하나의 정확한 해결책을 찾아가는 탐색 과정을 통해 통찰력을 높이게 된다. 2×2 매트릭스를 개발할 수 있다면 훌륭한 문제해결자이다. 해결해야 할 문제와 관련한 현상이나 해결의 방향성에 대해 정확하게 이해한 상태이기 때문이다. 이는 문제해결자 스스로가 해당 문제의 복잡성에 휘말려 헤어 나오지 못하는 것이 아니라 문제를 객관적으로 관조하고 있음을 시사하는 것이다. 게다가 문제해결자가 해결해야 할 문제와 관련하여 2×2 매트릭스로 현상을 설명하거나 해결 방향을 제시한다면 이해관계

17 심플하게 문제해결의 방향성을 제시하자

자들의 입장에서는 명확하고 쉽게 이해가 될 것이다. 그렇다면 2×2 매트릭스는 어떤 방식으로 개발하는 것인지 살펴보자.

① 문제 명확화

2×2 매트릭스를 작성하려는 문제가 무엇인지를 정확하게 설명할 수 있어야 한다. 따라서 문제나 과제에 이름을 붙여 본다. 앞선 사례에서 결혼을 앞둔 커플의 문제는 '신혼여행지를 결정해야 한다는 것'이다.

② 문제에 영향을 주는 요소 list-up

문제가 명확해졌다면 해당 문제에 영향을 주는 요소들을 찾아야 한다. 즉 신혼여행지 결정과 관련해 고려해야 할 것들은 어떤 게 있는지 모두 정리해 보는 것이다. 비용을 먼저 생각할 수 있다. 목적지가 선진국이냐 후진국이냐도 생각해 볼 수 있고, 목적지의 형태에 따라 섬이냐 대륙이냐도 생각해 봐야 한다. 활동성, 기온, 영어 소통 가능

여부, 환율, 비행시간 등 신혼여행지 결정에 영향을 주는
조건들을 목록으로 정리해 본다.

③ 핵심 요소 선정

문제에 영향을 주는 다양한 요소들을 정리했으면, 이
들 중 행복한 신혼여행에 가장 핵심이 되는 요소가 무엇
일지 두 개를 선정한다. 앞의 사례에서는 '목적지의 형태'
와 '활동성'이라는 두 가지 요소를 핵심으로 선정하였다.

④ 구조화하기

이제 2×2 매트릭스를 그리는 단계이다. 핵심적인 요소
로 선정된 두 개의 요소 중 하나는 가로축, 다른 하나는 세
로축으로 적어 넣는다. 그리고 축을 설명하는 명확한 단
어를 축의 양 끝에 적어 넣는다. 예를 들어 기온이면 덥다
와 춥다, 비용이면 고비용과 저비용, 비행시간이면 단거
리와 장거리 등과 같이 상호 대립되는 개념으로 적는다.
사례에서는 목적지 형태를 섬과 대륙, 활동성은 가만히

있기와 움직이기로 단순화하여 작성하였다.

⑤ 이름 붙이기

이제 네 개의 각 분면에 적절한 이름을 부여한다. 이름은 그 이름만으로도 무엇을 말하는지 명확하게 이해할 수 있도록 흥미롭게 작성한다. 2×2 매트릭스 개발에서 가장 독창적이고 창의적인 아이디어가 필요한 지점이 바로 이 단계이다. 어떤 이름을 붙여야 이해관계자들이 쉽게 이해할 수 있는지를 생각하면서 이름을 붙이도록 한다. 사례에서는 하루 종일 바다 보며 쉬기, 시골에서 힐링, 해양 레포츠 즐기기, 배낭여행이라고 이름을 붙여보았다.

이상에서 2×2 매트릭스를 만드는 단계를 간단하게 소개하였다. 자신이 고민하고 해결하고자 하는 분야의 매트릭스를 제시된 다섯 개의 절차에 따라 작성해 나가면 어렵지 않게 개발할 수 있을 것이다. 그런데 잠깐만, 2×2 매트릭스는 우리만 생각하고 개발하지 않았을 것이다. 그렇다. 이 지구상에는 아주 많은 2×2 매트릭스가 존재한다. 이미 많은 학자들이나 연구자들이 해결해야 할 문제와 관련하여 관점과 통찰력을 풍부하게 만들어줄 수 있는 2×2 매트릭스를 개발하고, 문제해결의 장면에서 활용해 오고 있다. 예를 들면, 중요도와 긴급도로 구성된 '시간관리 매트

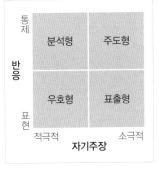

릭스', 시장 성장률과 제품 점유율로 구성된 'BCG매트릭스', 시장과 제품으로 구성된 앤소프Ansoff의 '기업전략 매트릭스', 자기주장과 외부자극에 대한 반응으로 구성된 '인간 행동유형 매트릭스' 등 다양하다.

모두들 해결해야 할 문제와 관련된 현상이나 해결의 방향성을 간단하면서도 명확하게 제시하는 것이다. 따라서 해결해야 할 문제와 관련하여 기존에 이미 만들어진 것은 없는지 먼저 찾아보자. 게다가 기존에 만들어진 2×2 매트릭스는 경험적으로 검증된 것이므로 유용성이 더 높을 수 있다.

Summary

2×2 매트릭스는 문제를 지나치게 단순화해서 보는 것이 아니냐는 비판을 받을 수 있다. 문제와 얽혀 있는 복잡한 현상을 두 개의 변수로만 보려고 하니 너무 단순화되었다는 지적이다. 하지만 역사적으로 위대한 사상가나 학

자들은 문제를 단순화해서 초점을 선명하게 한다. 문제를 복잡하게 설명하는 사람은 자신이 그 문제의 복잡성에 빠져 있는 것이다. 2×2 매트릭스는 복잡한 현상과 문제를 좀 더 손쉽게 바라보고 이해할 수 있도록 도와주는 것이다. 따라서 2×2 매트릭스가 유용한 것임은 분명하므로 자신만의 매트릭스를 개발해 보기 바란다. 물론 당신이 2×2 매트릭스를 개발했다면, 실용성을 검토하는 지혜는 필요할 것이다. 문제의 핵심을 잘 설명하고 있는 것인가, 혹시라도 문제의 핵심을 잘 설명하지 못하고 사변적이지는 않은가, 네 개의 분면이 실질적인 내용을 포함하고 있는가, 2×2 매트릭스가 문제를 바라보는 관점과 통찰력을 넓고 깊게 해 주는가 등에 대해서는 질문을 해 보아야 한다. 이러한 질문에 대답할 수 있다면 당신이 만든 2×2 매트릭스로 문제해결의 방향성을 제시해 보길 바란다.

심플하게 문제해결의 방향성을 제시하자

- 문제를 해결할 때는 무작정 해결안을 나열하기보다는 문제해결의 방향성부터 정해야 함

★ 2X2 매트릭스

- 큰 방향을 설정한 후 구체적 대안을 탐색하는 기법
- 문제와 관련된 이해관계자들과의 의사소통을 쉽게 하도록 도와줌

① 문제 명확화
- 해당되는 문제가 무엇인지를 정확하게 설명
② 문제에 영향을 주는 요소 list-up
- 문제가 명확해지면 해당 문제에 영향을 주는 요소들을 탐색
③ 핵심 요소 선정
- List-up 요소들 중 가장 핵심 요소가 무엇인지를 2가지 정함
④ 구조화하기
- 핵심 요소로 선정한 2개의 요소를 각각 가로·세로축에 작성
- 각 축의 양끝에 좀 더 명확한 단어로 그 축을 설명
⑤ 이름 붙이기
- 4개의 분면에 적절한 이름을 붙여야 함
- 이름만으로 명확하게 이해할 수 있도록 명확하고 창의적인 이름을 작성

→ 2x2 매트릭스는 문제를 지나치게 단순화시킨다는 비판을 받지만 문제를 복잡하게 보는 사람일수록 해당 문제의 복잡성에 빠졌을 가능성이 큼

18

블루오션을 찾는 방법
어렵지 않다

#블루오션 #미국_와인_시장 #전략캔버스 #ERRC #Eliminate #Reduce
#Raise #Create

Ask In

미국은 세계 3위의 와인 소비국이다. 와인 시장의 내부 경쟁은 치열해서 캘리포니아산 와인이 전체 와인 판매의 70% 정도를 차지하고 있으며 기타 프랑스, 이탈리아, 칠레산 와인 등이 치열한 경쟁을 하고 있다. 1,600여 개의 와인 업체가 경쟁을 펼치고 있기는 했지만 상위 8개 업체가 전체 와인 생산의 75%를 차지하고 있었다. 유력한 언론 매체인 신문, 잡지, TV, 라디오를 이용한 ATL_{Above The}

Line 마케팅에 수많은 예산을 투입하며 광고와 홍보로 와인 제조업체들의 입지를 강화시키고 있었다. 가격도 비싸 유통업자들은 와인 가격을 인하하라는 압력을 넣기도 하였다. 이런 상황을 놓고 보면 미국의 와인 시장은 그리 매력적이지 않아 보인다. 이곳에 진출한다는 것은 계란으로 바위 치기이며, 수많은 출혈이 예상된다. 하지만 문제해결자들이 이 시점에서 해야 할 질문은 어떻게 출혈이 예상되는 미국의 와인 시장에서 벗어나 새로운 시장을 개척하고 장악할 것인가이다. 프랑스 인시아드 대학교 교수인 김위찬과 르네 마보안[*]은 출혈경쟁이 예상되는 미국 와인 시장에 성공적으로 진출한 옐로테일의 사례를 통해 질문의 답을 이끌어 내고 있다. 김위찬과 르네 마보안은 가치 혁신과 블루오션 창출에 성공한 옐로테일의 사례를 전략 캔버스와 ERRC를 통해 설명했는데, 지금부터 살펴보자.

....

[*] 김위찬, 르네 마보안(2005), 강혜구 譯, 『블루오션 전략』, 교보문고. (이 장에서 제시하는 사례와 그림 이미지는 모두 이 책에서 발췌한 것임)

Solution

전략캔버스는 블루오션 전략을 구축하기 위한 현상 분석의 진단 도구이자 실행의 프레임워크이다. 전략캔버스를 통해서 시장에서 관련 경쟁자들의 현 상황을 일목요연하게 파악할 수 있으며, 고객들이 기존 시장의 경쟁 상품으로부터 얻는 것이 무엇인지를 알 수 있다. 김위찬과 르네 마보안이 제시한 그림은 이 모든 사실을 보여준다. 가로는 업계가 경쟁하고 투자하고 있는 요소로 7개가 확인된다.

첫째는 가격이다. 프리미엄 와인과 저가 와인은 가격 차이가 있다. 둘째는 와인 전문용어이다. 와인 제조업체가 콘테스트에서 입상한 메달을 와인병에 표시하거나, 와인의 양조 비법이 적힌 라벨을 부착하는 등 고급스럽고 세련된 이미지로 포장한다. 셋째는 ATL 마케팅이다. 치열한 경쟁 시장에서 인지도를 높이기 위해서는 상품의 홍보와 판촉을 위해 ATL 마케팅이 필요하다. 넷째는 숙성 품질이다. 와인의 숙성 연도와 와인의 품질을 강조하는 것이다. 다섯째는 산지 명성과 전통이다. 와인의 생산지가 얼마나 유명한 곳인지, 또한 포도 재배농가나 양조장의 역사를 강조하는 것이다. 여섯째는 맛의 복합성이다. 탄닌의 함량과 와인 숙성의 정도, 참나무통과 관련 있는 와인 맛의 복합성과 풍미이다. 일곱째는 와인의 종류이다. 소비자들이 선호하는 모든 종류의 와인이 있음을 강조한다. 이상의 일곱 가지는 좋은 와인을 판단하는 기준이었다.

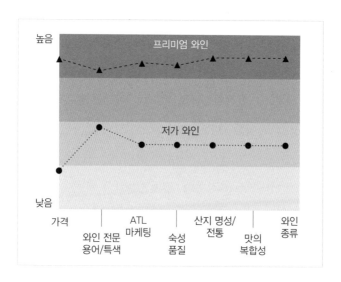

전략캔버스의 세로축은 구매자들이 느끼는 경쟁 요소들의 수준 정도이다. 세로축의 위쪽은 기업이 구매자에게 제공하는 것이 많고 투자를 많이 한다는 것이다. 가격은 위쪽이 비싸다는 의미이다. 미국 와인 시장에서 경쟁을 하는 업체가 1,600개가 되지만 구매자인 고객 입장에서는 이들의 가치 곡선이 같은 방향으로 집중해 있음을 알 수 있다. 수많은 경쟁자들이 있음에도 결국 프리미엄 와인도 동일한 전략적 접근을 하고 있다. 이는 저가 와인도 마찬가지이다. 프리미엄 와인과 저가 와인은 상품의 수준을 보여주는 위치점이 다르지만 둘 다 거의 비슷한 모양의 선을 보여주고 있다. 미국의 와인 업체들은 자신들의 제품 가격대 범위 내에서 와인의 명성과 품질에 많은 집중 투자를 하게 됐다. 이런 여건 속에서 경쟁자를 벤치마킹 하는 것은 의미가 없는 것이다.

오스트레일리아의 와인 생산업체인 '카셀라 와인즈'는 미국 시장을 면밀히 살펴보았다. 카셀라 와인즈는 미

18 블루오션을 찾는 방법 어렵지 않다

국 성인의 대다수가 와인에 별 흥미가 없다는 것을 발견했다. 와인의 고급 이미지는 강압적이고 가식적이라는 인식을 심어주어 사람들을 불편하게 만들었으며, 복잡한 와인 시음을 통한 와인 향 구별은 일반인들에게는 힘든 일이었다. 그런데도 와인 제조업자들은 이런 요소들이 경쟁자보다 뛰어나다는 것을 증명하기 위해 투자하였다. 카셀라 와인즈는 미국 시장 조사에서 얻은 통찰로 미국 와인 산업에서의 전략캔버스를 다시 그리게 된다. 김위찬과 르네 마보안은 새로운 가치곡선 도출을 위해 필요한 네 가지 액션 프레임워크를 제시했다. 새로운 가치곡선을 창출하기 위해서는 기존의 논리와 비즈니스 상황에 도전하는 네 가지 질문을 해야 한다는 것이다. 첫째가 '제거Eliminate'이다. 업계에서 당연한 것으로 받아들이는 요소들 가운데 제거할 요소는 없는지 살펴보는 것이다. 둘째가 '감소Reduce'이다. 업계의 표준 이하로 내려야 할 요소가 있는지 검토하는 것이다. 경쟁자보다 더 잘하겠다는 생각으로 제품이나 서비스가 과하게 기획되는 것은 아닌지를 규명하는 것이다. 셋째가 '강화Raise'이다. 업계의 표준 이상으로 올려야 할 것은 없는지 살펴보는 것이다. 이는 고객들에게 적절한 가치를 제공하지 못하는 현 상태의 것을 찾아내서 가치를 증가시키는 것이다. 넷째가 '창조Create'이다. 아직 한 번도 제공하지 못한 요소는 없는지 알아보는 것이다. 고객을 위해 완전히 새로운 가치를 발견해 새로운 수요를 창출하고자 하는 것이다.

카셀라 와인즈는 네 가지 액션 프레임워크를 통해 옐로테일 와인을 개발하게 되었다. 와인을 즐겨 마시지 않는 사람들도 누구나 쉽게 마실 수 있는 대중적인 와인을 만든 것이다. 카셀라 와인즈는 그림에서 보듯이 제거와 감소, 증가와 창조라는 네 가지 액션 프레임워크를 적용했다.

경쟁 와인과 비교하여 쉽게 마시고, 선택이 쉬우며, 재미와 색다른 경험을 하는 요소를 새롭게 창조Create하였고, 나머지는 대부분 제거하거나 축소하였다. 와인 전문용어,

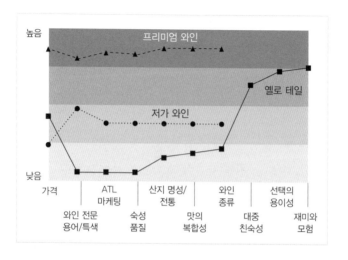

ATL 마케팅, 숙성 품질은 제거Eliminate하였고, 산지의 명성/ 전통, 맛의 복합성, 와인 종류는 축소Reduce하였다. 카셀라 와인즈는 많은 미국인들이 와인을 즐기려 해도 맛이 너무 복잡해 와인을 거부한다는 것을 발견했고 그들이 만든 옐로테일은 단순한 구성으로 짧은 순간에 소비자들의 마음 을 사로잡았다. 와인의 전문용어나 숙성 품질을 강조하지 않았다. 검은색 바탕에 밝고 선명한 오렌지색과 노란색 캥거루가 그려진 간결한 라벨을 부착하였다. 옐로테일은 맛이 부드럽고 과일향이 났다. 와인의 종류도 화이트와 레드 두 종류만 공급해 선택의 범위를 획기적으로 줄였다. 소매상 직원들은 오스트레일리아의 전통 의상을 입고 회사의 상품을 홍보하였다. 김위찬과 르네 마보안은 이를 그림과 같이 ERRC 구성표로 제시하고 있다.

제거	증가
• 와인 전문용어/특색 • 숙성 연도와 품질 • ATL 마케팅	• 저가 와인 대비 가격 • 소매상 참여
감소	창조
• 맛의 복합성 • 와인의 종류 • 산지의 명성	• 대중 친숙성 • 선택의 용이성 • 재미와 모험

Summary

지금까지 ERRC라는 네 가지 액션 프레임워크를 적용한 사례를 살펴보았다. 김위찬과 르네 마보안의 『블루오션 전략』(2005)이나 『블루오션 전략 확장판』(2015)을 참고

하면 더 많은 사례를 자세히 살펴볼 수 있을 것이니 참고하기 바란다. ERRC는 기업의 상품이나 제품의 차별화와 저비용을 동시에 검토할 수 있다. 제거와 감소를 통해 회사는 당연하게 여기고 투자했던 것들에 대해 다시 한 번 돌아볼 수 있다. 그리고 강화하고 창조하는 요소를 통해 경쟁사와는 차별적인 상품이나 서비스를 제공할 수 있게 된다. 당신 회사의 제품이나 서비스에 대해 전략캔버스를 그려보라. 또는 당신이 하고 있는 일에 대한 고객을 정의하고 전략캔버스를 그려보라. 그리고 당신이 그린 전략캔버스에 네 가지 액션 프레임워크를 적용해 보면 오랫동안 당연하게 받아들였던 것들에 대해 새로운 시각을 갖게 될지도 모른다.

블루오션을 찾는 방법 어렵지 않다

- 현재 시장은 이미 너무 많은 제품과 기업들로 넘쳐나고 있기 때문에 어떻게 새로운 시장을 열고 장악할 것인지를 생각해야 함
- 신규 시장의 성공적 진출을 위해 전략캔버스와 ERRC 기법을 활용할 수 있음

★ 전략캔버스 : 블루오션 전략 구축을 위한 현상 분석의 도구

- 경쟁자들의 상황을 일목요연하게 파악 가능
- 고객들이 경쟁 상품을 통해 얻을 수 있는 것 확인
- 전략캔버스의 가로축은 업계가 경쟁하고 있는 요소를 작성하고, 세로축은 경쟁 요소의 수준 정도를 의미함

★ ERRC : 새로운 가치곡선 창출을 위해 기존의 비즈니스 상황에 도전하는 4가지 질문

- 제거(Eliminate) : 업계에서 당연한 것으로 여기는 요소 가운데 제거할 것은 없을까?
- 감소(Reduce) : 업계의 표준 이하로 내려야 할 요소는 무엇일까?
- 강화(Raise) : 업계의 표준 이상으로 올려야 할 요소는 없을까?
- 창조(Create) : 아직 한 번도 제공하지 못한 요소는 없을까?

→ 제거와 감소를 통해 의미 없던 투자를 축소하고, 강화와 창조를 통해 차별화된 상품과 서비스 제공

18 블루오션을 찾는 방법 어렵지 않다

합리적으로
우선순위를 정하는 방법

#해외여행 #해결_대안 #준거평정법 #퓨_매트릭스 #자원_배치 #주관_배제

Ask In

해외여행이 자유로워진 시대. 수많은 사람들이 인천 국제공항을 통해 해외여행을 하고 있다. 다음 달에는 국경일 등을 포함해서 7~8일의 연휴가 있다. 1남 1녀의 아버지인 당신은 아직 해외여행 경험이 없는 아이들을 데리고 부인과 함께 해외에서 행복한 시간을 보내고 싶어졌다. 고등학생인 첫째 딸과 중학생인 둘째 아들도 각자 의견이 있을 것 같아 주말에 저녁을 같이하며 해외여행 이야기를 꺼낸다.

당신 : 애들아, 우리 다음 달 연휴에 해외여행 가자.

첫째 : 정말? 좋아. 그런데 어디로 가지?

당신 : 글쎄, 중국 어때? 상하이에서 임시정부도 방문하고, 만리장성에서 옛 중국인들의 역사의식도 찾아보고. 중국 문화역사탐방 프로그램이 있더라고.

둘째 : 중국? 아빠, 난 중국은 싫어. TV에서 봤는데 미국이 좋을 것 같아. LA나 캘리포니아 같은 데 말이야. 날씨가 좋아서 여행하기 좋을 거야.

첫째 : 아빠, 난 이왕이면 프랑스 파리에 가고 싶어. 낭만의 도시래. 영화에서 봤는데 너무 예쁘더라.

당신 : 그래? 이거 의견이 많이 갈리는데?! 여보, 당신 생각은 어때?

부인 : 난 식구들 모두 간다기에 가까운 일본이나 다녀오면 좋겠다 싶었지. 도쿄나 오사카 정도면 부담없고 좋잖아.

19 합리적으로 우선순위를 정하는 방법

당신에게 주어진 다음 달의 연휴는 네 개의 여행지를 모두 방문하기에 턱없이 짧다. 그럴 만한 경제적 여유도 없다. 이제 하나의 여행지를 선택해야 할 때가 되었다. 어떻게 할 것인가?

Solution

문제의 현상을 분석하고, 원인을 탐색하였다면 해결 대안을 모색해야 한다. 보통 해결 대안으로 한 개의 아이디어만 떠오르지 않는다. 다른 장에서 잠시 예를 들었던 '한 시간 이내로 회의를 마치기'와 같은 문제에서도 여러 가지 대안들을 떠올릴 수 있었다. 회의실 예약 시스템의 알고리즘 변경, 회의실 추가 확보, 회의 운영 스킬 교육, 회의에 소요되는 비용 계산하기 등 여러 가지를 생각할 수 있다. 앞의 해외여행 사례 역시 모든 식구들이 이구동성으로 중국 여행을 가자고 만장일치 의견을 내었다면 모르겠으나 모두 다른 의견을 냈다. 그렇다면 연휴기간 동안 각자의 의견을 모두 수용하여 네 개의 여행지를 모두 방문해야 하는가. 일정도 부족하고 예산도 너무 많이 소요된다. 이런 경우에는 일반적으로 '준거평정법Criteria Rating Technique'과 '퓨 매트릭스Pugh Matrix'를 추천한다. 두 기법 모두 여러 가지 해결 대안들의 우선순위를 선정하거나 최선의 대안을 선정할 때 활용하는 방식이다.

먼저 준거평정법부터 살펴보자. 준거평정법은 3장에서 소개한 로빈스의 합리적 문제해결 방식과 유사하다. ① 먼저 대안을 열거하고 ② 평가 준거를 토의한 후 ③ 준거의 상대적 중요도를 정하여 ④ 평가 후 최적의 해결 대안을 선정하는 것이다. 즉 여러 가지 해결 대안들에 대한 선정의 준거를 마련하고 이를 기준으로 정량적으로 평가하는 방식이다.

① 대안의 열거

이미 당신과 당신의 가족은 해외여행을 위한 대안을

열거하였다. 당신이 주장한 중국 문화역사탐방, 아내가 제시한 일본 도쿄 여행, 첫째가 제시한 낭만의 프랑스 파리 여행 그리고 둘째가 제시한 미국 LA 여행이다.

② 평가 준거 논의

당신과 가족들은 대안들을 선정하기 위한 기준을 논의해야 한다. 아무래도 네 식구가 함께 해외여행을 한다고 할 때 비용이란 요소를 무시할 수는 없다. 비용이라는 기준 요소를 찾았다. 또 없을까? 여행지까지 가는 왕복 거리도 생각해 보았다. 가족이 함께 가는 여행이므로 가족이 함께할 수 있는 활동이나 관광 요소도 필요할 것 같다. 마지막으로 여행지의 안전함, 즉 치안도 생각해 보았다.

③ 준거의 상대적 중요도 선정

네 가지의 준거를 도출했지만, 당신 가족의 입장에서 자세히 보면 이들 각각의 준거가 동일한 무게감을 가지고 있는 것은 아니다. 어느 것은 더 중요해 보이고 어느 것은 상대적으로 덜 중요해 보이기도 한다. 이제 당신 가족들은 네 가지의 준거에 상대적 중요도인 가중치를 부여한다. 아무래도 가족이 함께할 관광 요소와 치안이 가장 중요하다. 각각에 35%씩을 부여하고, 남은 30% 중 20%를 여행 비용에, 10%를 거리에 부여해 본다.

④ 평가 후 최적의 해결안 선정

이제 각각의 대안에 5점 만점으로 수치를 부여하고, 부여한 수치에 가중치를 곱한다. 아무래도 비용은 중국이 가장 저렴하고 그 다음이 일본일 것이므로 중국에 5점, 일본은 4점, 미국과 파리는 2점을 부여하였다. 거리는 중국과 일본이 가장 경쟁력 있다. 나머지 평가 항목도 하나씩 검토하여 5점 만점으로 점수를 부여하였다. 이를 가중치와 곱하고, 회색으로 된 가중치를 곱한 평가 항목별 점수를 모두 더하면 최종 해결안이 선정된다. 준거평정기법에 따라 논의한 결과, 당신 가족은 일본 도쿄로 여행하기로 최종 선택하였다.

평가 항목	가중치	중국 문화 역사 여행	미국 LA	프랑스 파리	일본 도쿄
여행 비용	20%	5	2	2	4
		1.0	0.4	0.4	0.8
거리	10%	5	1	1	5
		0.5	0.1	0.1	0.5
가족이 함께할 관광 요소	35%	2	4	3	4
		0.7	1.4	1.05	1.4
치안	35%	3	4	3	5
		1.05	1.4	1.05	1.75
계	100%	3.25	3.30	2.6	4.45

퓨 매트릭스Pugh Matrix는 스튜어트 퓨Stuart Pugh 교수가 개발한 기법으로 디자인 컨셉을 선정하는 데 유용한 방식이다. 준거평정법과 유사하나 기준안을 중심으로 비교한다는 차이가 있다.

① 기준안과 각 대안 간의 상대평가

평가 항목별로 기준안과 각 대안 간의 상대평가를 실시한다. 이때 평가는 Same, +(양수), -(음수)로 한다. Same

은 현재 방법인 기준안과 차이가 없음을 의미하고, +는 현재 방법인 기준안보다 우수함, −는 기준안 대비 열위 하다는 의미이다. 당신의 아이디어인 중국 문화역사탐방을 기준안이라고 가정하고 Same, +, −로 평가해 보았다.

② 각 대안에 대한 Same, 양수, 음수의 개수 파악

Same과 +, −로 평가한 후 각각의 개수를 파악한다. 1안인 미국은 +와 −가 각각 두 개이고 Same은 없다. 2안인 프랑스 파리는 +가 없으며 Same과 −가 각각 두 개다. 3안인 일본 도쿄는 Same과 +가 각각 두 개이고, −는 없다.

③ 가중합 산출

각 아이디어의 평가 결과에 중요도를 곱하여 양수와 음수에 대한 가중합을 산출한다. 미국의 경우 +를 받은 가족이 함께할 관광 요소가 5점, 치안이 5점이므로 양수의 가중합은 10이 된다. 반면 음수의 가중합은 7이다. 파리는 양수의 가중합이 0이고, 음수의 가중합은 7이다. 일본

19 합리적으로 우선순위를 정하는 방법

은 양수의 가중합이 10이고, 음수의 가중합은 0이다.

④ 최적안 도출

양수와 음수의 가중합을 비교하여 최적안을 선정한다. 미국과 일본이 모두 양수의 가중합이 10으로 높지만 미국의 경우 음수의 가중합도 꽤 크므로 음수의 가중합이 없는 일본 도쿄로 최종 선정되었다.

평가 항목	기준안 (중국 문화 역사 여행)	1안 (미국 LA)	2안 (프랑스 파리)	3안 (일본 도쿄)	중요도
여행 비용		−	−	Same	4
거리		−	−	Same	3
가족이 함께할 관광 요소		+	Same	+	5
치안		+	Same	+	5
양수 개수 합		2	0	2	
음수 개수 합		2	2	0	
Same 개수 합		0	2	2	
양수의 가중 합		10	0	10	
음수의 가중 합		7	7	0	

조직의 자원은 유한하다. 이는 거대 글로벌 기업도 마찬가지다. 2017년까지 화성에 인간을 보내겠다고 한 엘런 머스크 또한 무한한 자원을 가지고 경영을 하지는 않는다. 따라서 유한한 자원의 적절한 배분이라는 이슈는 기업 경영에서 중요한 화두 중 하나이다. 준거평정법과 퓨 매트릭스는 문제해결의 파급효과가 큰 해결 대안을 선정하여 여기에 유한한 기업의 자원을 좀 더 적절히 배치하려는 노력이다. 이를 위해 준거평정법과 퓨 매트릭스에서는 여러 해결안 중 실행할 해결안의 우선순위를 부여하기 위해 선택의 기준과 가중치를 선정하여 최종 해결안을 찾으려는 것이다. 이 과정에서 해결안의 특성에 따라 평가기준을 선정하고 가급적 정량화함으로써 문제해결자의 주관을 배제할 수 있도록 관계자와 함께 검토해야 한다.

Summary

앞서 제시한 것은 이해하기 쉽도록 해외여행이라는 실

생활의 사례를 예로 들었으므로 비용, 치안, 가족이 함께 할 수 있는 관광 요소, 거리 등이 준거로 제시되었지만, 비즈니스 문제해결 시에는 주로 매출이나 이익 기여도, 고객만족도, 실행의 용이성, 긴급성, 난이도, 소요 기간, 투입 자원 등이 주로 선정된다. 그리고 각각의 평가 기준별로 적절한 베이스라인을 설정해야 한다. 즉 소요 기간의 경우 6개월 이내는 5점, 7~12개월이면 4점, 13~18개월이면 3점, 19~24개월이면 2점, 25개월 이상이면 1점과 같이 각 평가 점수를 주는 베이스 라인을 설정해야 이해관계자들 간에 점수 배점에 대한 논쟁 없이 좀 더 객관적으로 평가할 수 있다.

합리적으로 우선순위를 정하는 방법

- 해결 대안은 여러 가지가 동시에 나오게 되며, 자원의 한정으로 인해 동시에 실행할 수 없음
- 준거평정법과 퓨 매트릭스를 이용해 해결 대안의 우선순위를 파악해야 함

★ 준거평정법 : 준거에 의한 대안들의 정량적 평가

　① 대안의 열거
　② 평가 준거 논의
　③ 준거의 상대적 중요도 선정
　④ 평가 후 최적의 해결안 선정

★ 퓨 매트릭스(Pugh Matrix) : 기준안을 중심으로 각 대안을 비교하는 기법

　① 기준안과 각 대안 간의 상대평가(+, -, Same으로 평가)
　② 각 대안에 대한 Same, +, -의 개수 파악
　③ 가중합 산출
　　- 각 아이디어의 평가 결과에 중요도를 곱해서 +와 -에 대한 가중합을 산출
　④ 최적안 도출
　　- +와 -의 가중합을 모두 고려하여 최종적으로 선정

→ 조직의 자원은 정해져 있으며, 자원의 적절한 배분은 경영에 있어 매우 중요함
→ 준거평정법과 퓨 매트릭스를 활용해 파급효과가 큰 해결 대안을 선정해야 함

20

문제해결의 타이밍은
바로 지금

#실행력 #실행_계획 #일정_계획 #리스크_관리 #변화_관리 #간트_차트
#역진계산 #발생가능성_Probability #영향력_Impact

Ask In

어느 날 한 사람이 유명한 사상가 윌리엄 블레이크William
Blake[*]를 찾아왔다. "위대한 사상가가 되려면 어떻게 해야
합니까?" 그러자 블레이크가 대답했다. "많은 생각을 해야

....

[*] 18세기 영국의 시인이자 화가, 판화가. 주요 작품으로는 〈무덤 속 예수 위에
떠 있는 천사들〉, 〈고대의 날들〉이 있다. 어려서부터 미술학교를 다니면서 그
림을 판화로 옮기는 작업을 했다. 이후 수채화 기법을 개발하여 독창적인 삽
화 시집을 제작했다. 그의 삽화 시집은 문학적 가치와 판화의 예술적 가치를
동시에 인정받고 있다.

합니다." 그는 집으로 돌아와 하루 종일 움직이지도 않고 침대에 누워 천장을 바라보며 생각을 했다. 한 달 뒤, 그의 부인이 블레이크를 찾아갔다. "제 남편이 선생님을 만나고 돌아온 뒤부터 식음을 전폐하고 온종일 침대에 누워 생각만 하고 있습니다." 블레이크가 그 집을 찾아가 보니 부인이 말한 것처럼 남자는 침대에 누워 천장을 바라보며 무언가를 골똘히 생각하고 있었다. 그는 블레이크가 찾아온 것을 보고 자리에서 일어나며 "선생님, 그동안 저는 수많은 생각을 했습니다. 위대한 사상가가 되려면 얼마나 더 생각을 해야 할까요?" 이 말을 들은 블레이크는 이렇게 물었다. "매일 무슨 생각을 그리 많이 했습니까?" 남자는 "머리에 더 이상 담아둘 수 없을 정도로 많습니다."라고 대답했다. 그 말을 들은 블레이크는 이렇게 충고했다. "제가 깜빡 잊고 말씀드리지 않은 것이 있군요. 행동하지 않는 사람의 생각은 쓰레기와 같다는 것입니다."

"실행은 좋은 아이디어에 생명을 불어넣는 것이다"라는 말이 있다. 아무리 좋은 제품과 기술, 네트워크, 아이디어를 가지고 있더라도 여기에 생명력을 불어넣는 것은 개개인이 실행을 함으로써 가능해진다. 문제해결의 아이디어를 찾아내어 실천의 우선순위를 결정하면 이제는 실행해야 할 때이다. 그리고 실행력을 높이기 위해서는 구체적인 실행 계획을 수립하는 것이 도움 된다. 실행 계획이란 사고를 행동으로 옮기는 구체안을 말하는 것으로 무엇을What, 어떤 목적Why으로 언제When, 어디서Where, 누가Who, 어떤 방법How으로 등의 물음에 대해 답을 하는 것이다. 이를 통해 해결안의 실행 목적과 절차에 따른 진행내용, 담당자 등을 관련자들이 일목요연하게 파악할 수 있다. 실행 계획 수립 시 가장 핵심이 되는 것은 일정 계획과 변화에 대한 관리이다. 그리고 혹시 모르는 돌발 상황에 대비할 수 있는 리스크 관리 계획이다.

① 일정 계획 수립

해결 대안을 완료할 시점과 중간중간의 일정, 책임 소재 등을 정리해야 한다. 이때 가장 일반적으로 많이 활용하는 것이 '간트 차트Gantt Chart'이다. 해결 대안을 세부적으로 나누고 수행에 소요되는 시간을 산정하여 마감 시간을 결정한다. 그리고 각각의 소요 시간을 막대선이나 화살표 등으로 표시한다. 즉 세로축에는 해결 대안을 수행하기

구분	세부 실행 내용	2/4분기			3/4분기			4/4분기			담당자
		4	5	6	7	8	9	10	11	12	
마케팅	시장 조사	→ (0/0~0/0)									홍길순
	조사 보고서 작성		→ (0/0~0/0)								홍길순
상품 설계	상품 아이디어 수렴		→ (0/0~0/0)								박달재
	상품 개발안 수립	→									박달재
상품 가격 설정	가격 전략 수립	→ (0/0~0/0)									이순신
	Pricing/Profit Test		→								이순신
	위원회 승인				→						손오공
판매 준비	판매 전략 수립					→					사오정
	상품 홍보							→			사오정
	상품 교육							→			사오정

위해 해야 할 구체적인 업무들을 작성하고, 가로축은 시간의 축으로 각각의 업무들에 소요되는 시간을 표시한다.

간트 차트를 통해서 일정 계획을 수립할 때 한 가지 고려해야 할 요소는 바로 역진계산이다. 해결 대안 수행을 위한 세부 실행 내용에 소요되는 각각의 시간을 계산하고, 일정 계획을 수립할 때 일반적으로 전진계산을 한다. 전진계산은 시장조사를 언제부터 언제까지 하고, 시장조사가 끝나면 상품 아이디어를 수렴해서 조사보고서를 언제까지 작성하고, 언제까지 파일럿 테스트를 해서 위원회 승인을 받고 등과 같이 세부 실행 내용을 왼쪽에서 오른쪽으로 순차적 시간을 계산하여 최종 완료가 언제쯤 되는지를 검토하는 것이다. 하지만 역진계산은 달성하고 싶은 목표와 데드라인을 먼저 명확하게 설정한 후 이를 달성하기 위한 징검다리 목표들과 데드라인을 정하고 나서 첫 번째 일을 선택해 곧바로 실천하는 것이다. 즉 상품 교육을 끝으로 최종적으로 모든 업무를 마무리하는 시점을 먼저 정한 다음 그에 따라 판매 전략 수립은 그 전의 어느 시기까지 마무리하고 위원회 승인은 또 그 전의 어느 시기까지 받아야 하는지를 거꾸로 계산해내는 것이다.

아주대학교 심리학과 교수인 이민규는 그의 저서 『실행이 답이다』에서 역진계산을 배운 학생의 사례를 다음과 같이 소개하고 있다. "토익 점수가 780점이 넘으면 카투사를 지원하려고 했습니다. 그런데 역산 스케줄링(역진계산의 이민규 교수 식의 표현법)을 공부하고 나니 이러다가 군대를 언제 갈지 모르겠더라고요. 그래서 2학년을 마치기 전에 카투사에 지원하기로 했습니다. 그러다 보니 1학년을 마치기 전까지 토익 점수 800점을 달성하겠다는 것으로 목표를 수정할 수밖에 없었습니다. 올해 안에 토익 800을 만들지 못하면 군대를 제때 못 가는 불상사가 생길지 모른다고 생각하니 영어 공부를 열심히 하지 않을 수가 없습니다. 정말 작은 생각의 차이가 큰 변화를 만들 수 있다는 걸 깨달았습니다." 학생이 보내 온 소감문과 함께 이민규는 자신의 책상 앞에는 오래전에 만들어 붙인 타임테이블이 하나 있다고 소개한다. 2000년에 만든 것이라 좌측 끝에는 2000년이라고 되어 있고, 우측 끝은 정년퇴직 연도가 기재되어 있다고 한다. 퇴직 연도 밑에 0을 쓰고 좌측을 향해 거꾸로 거슬러서 D-day를 계산해 놓은 것처럼 1년 단위로 1, 2, 3, 4, 5… 이런 식으로 숫자를 기재해 두었다. 퇴직 연도 아래에는 그때 자녀들의 나이가 기재되어 있다. 그는 아침에 출근해 이 타임테이블의 맨 우측 끝을 먼저 보고, 왼쪽으로 거슬러 오면서 올해의 숫자에 눈을 멈추고 오늘 해야 할 일이 무엇인지 생각해 본다는 것이다. 전진계산을 통해 완료 일자를 파악하는 것도 필요하지만 역진계산을 통해 문제해결의 스케줄을 더욱 확실하게 설정해 보길 바란다.

② 변화 관리 계획

해결 대안을 실행하는 과정에서 간혹 저항하는 사람들이 있다. '변화'는 안정성과는 상반된 개념이므로 아무래도 그동안의 안정성에 길들여져 있던 직원들은 거부감을 나타낼 수 있다. 새로운 제도나 프로세스, 프로그램 등의 도입으로 기존에 힘들게 획득한 자신의 능력이나 경험이 불필요하게 될 수도 있고, 현재의 업무에 새로운 업무 방식이 요구될 수 있으니 업무가 가중되거나 익숙해진 방식을 버리게 되니 불편해질 수 있다. 따라서 새로운 해결 대안을 적용하고 실행해 나갈 때는 이해관계자들과 적극적인 의사소통이 필요하다. 새로운 해결 대안을 실행하기 전에 가장 크게 영향을 받는 집단은 누구이며, 그들이 제기할 이슈와 저항은 무엇인지를 예측하고, 이에 대한 대응 방안도 검토해야 한다. 결국, 가장 크게 영향을 받는 집단을 비롯해 주요 이해관계자들과는 해결 대안의 목적과 목표는 물론이고 구체적인 내용 등에 대해 상세하게 자주 정보 공유를 해야 한다. 그리고 필요한 지식이나 스킬 교육을 제공함과 동시에 실행의 아웃풋 이미지Output Image를 제공하여 성공의 자신감을 느낄 수 있도록 해야 한다. 그래야만 이해관계자들이 직접 참여를 하여 스스로가 변화를 통제하고 있다고 느끼게 되어 몰입할 수 있게 된다.

③ 리스크 관리 계획

실행 계획 수립 시 가장 간과하기 쉬운 것이 바로 '리스크 관리 계획'이다. 보통 리스크 관리 계획은 잘 생각하지 않는다. 하지만 준비 없이 돌발 상황이라도 발생하면 큰 낭패이다. 리스크란 아직 발생하지 않았지만 발생한다면 목표 달성에 부정적 영향을 주는 사건이다. 따라서 리스크 관리 계획이란 발생 가능한 리스크를 찾아내고 분석하여 대응 계획을 수립해 실행 시 적극적으로 모니터링하는 체계적인 프로세스를 정리하는 것이다. 리스크 관리 계획수립을 위해서는 먼저 해결 대안을 수행할 때 발생할지 모르는 리스크의 항목을 도출한다. 그리고 이 리스크의 발생 가능성Probability과 영향력Impact을 검토한다. 발생 가능성은 해결 대안 실행을 하는 동안 이 리스크가 발생할 가능성이 높은가 낮은가이고, 영향력은 리스크가 발생했을 경우 목표 달성에 미치는 파급력을 의미한다. 이에 따라 발생 가능성도 높고, 영향력도 큰 리스크에 대해서는 반드시 대응 방안을 수립하고 실행할 것을 추천한다. 물론 실행 계획 수립 단계에서는 어떤 리스크가 있는지 모르는 불확실성의 상태가 있을 수 있다. 하지만 리스크 관리의 본질은 결과를 통제할 수 있는 범위는 최대한 늘리고, 인과관계 속에 숨겨진 연결고리를 알 수 없어 결과를 통제할 수 없는 범위는 최소화하는 데 있다.

Summary

'시험공부 6단계'라는 유머가 있다. 1단계 : 집에 가서 해야지, 2단계 : 밥 먹고 해야지, 3단계 : TV 보고 해야지, 4단계 : 밤새워 열심히 해야지, 5단계 : 내일 아침 일찍 일어나서 해야지, 6단계 : 젠장, 망쳤다. 자꾸 미루다가 결국 시험 시간이 될 때까지 공부를 하지 못했던 경험이 있을 것이다. 해야 할 일을 미루기만 하면 실패 확률이 높아진다는 것을 한양대 교수인 유영만[*]은 '72:1'의 법칙으로 소개하고 있다. 마음먹은 일을 72시간 즉 3일 이내에 행동으로 옮기지 않으면 성공할 확률이 1퍼센트도 안 된다는 것이다. "우리 조만간 밥 한번 먹자."라고 하지만 이는 뻔한 거짓말 베스트에 올라갈 정도다. 실천이 안 되는 것이다. 내일부터 헬스클럽에 가서 운동을 해야지 결심하지만 내일이 되니 비가 온다. 오늘은 비가 오니 내일부터 진짜 가야겠다고 스스로를 합리화한다. 하지만 다시 내일이 되면 또 다른 핑계를 찾아낼 가능성이 크다. '다음'에라는 말은 '지금'은 하기 싫다는 의미이다. 하지만 '다음'이 '지금'이 되는 순간 또다시 '다음'으로 미룬다면 결국 아무것도 하지 못하게 된다. 문제를 찾았고 원인도 밝혀졌다. 게다가 원인을 제거할 해결 대안까지 마련되어 있다. 지금 당장 그 해결 대안을 실행할 일만 남았다.

[*] 유영만(2012), 『체인지』, 위너스북.

문제해결의 타이밍은 바로 지금

- 실행은 좋은 아이디어가 발현될 수 있도록 생명을 불어넣는 것
- 문제해결 아이디어와 대안의 우선순위까지 결정되었다면 실행을
  서두를 것

★ 실행 계획
- 문제해결 관련자들이 해결안의 내용을 쉽게 파악할 수 있도
  록 무엇을(What), 어떤 목적(Why)으로 언제(When), 어디서
  (Where), 누가(Who), 어떤 방법(How)으로 등의 물음에 답을
  하는 것

★ 실행력을 높이기 위한 실행 계획 수립
① 일정 계획 수립
  - 전체 완료 일정 수립
  - 각 세부 중간 일정 수립
  - 각 책임의 소재 정리
  → 일정 수립 시, 역진계산법을 활용해 데드라인을 먼저 설정
    해야 함

② 변화 관리 계획
  - 해결 대안 실행 시 새로운 제도, 프로세스, 프로그램의 도입으
    로 변화에 저항하는 집단이 발생할 수 있음
  - 어떤 집단이 어떤 이슈로 저항할지 예측을 하고 대응 방안을 검
    토해야 함

* 해결 대안의 구체적 내용 공유
* 필요한 지식과 스킬 제공
* 실행의 아웃풋 이미지를 제공해 스스로 변화를 통제하고 있
  다고 느끼게 해야 함

③ 리스크 관리 계획
- 리스크 : 아직 발생하지 않았지만 발생 시, 목표 달성에 부정적
  영향을 끼치는 것
ㄱ. 발생 가능한 리스크 도출 및 분석
ㄴ. 리스크에 따른 대응 계획 수립
ㄷ. 해결 대안 실행 시 적극적인 모니터링 실시
문제, 원인, 해결 대안까지 모두 찾았다면 바로 실행

에필로그

4차 산업혁명 시대에 조직 구성원들에게 가장 필요한 것 중 하나가 '문제해결 역량'이었음을 우리는 알게 되었다. 물론 지난 시대에도 문제해결 역량은 주요한 역량 중 하나였으니 이는 조직 구성원들이 가져야 하는 영구불변의 핵심 역량인 것 같다. 본서는 오늘날을 살아가는 많은 조직 구성원들의 요구에 맞게 문제해결과 관련한 구체적인 실천 영역을 망라하여 실무에 적용할 수 있도록 간결하면서도 알차게 구성하였다.

이 책을 읽고 학습을 하는 사람이 어떤 조직에 소속되

어 있더라도 자신이 속한 조직에서 실무 추진력을 높이고 효과적이면서도 효율적으로 문제를 해결해 나가기를 기대한다. 특히, 문제해결 시 발생할 수 있는 여러 가지 상황에 대해 20개의 주제로 나누어 제시하였으니 당장 고민하고 있는 주제에 해당되는 것을 먼저 읽고 적용해도 된다. 하지만 시간이 된다면 가능한 처음부터 정독하기를 바란다. 당장의 실무적 적용과 함께 좀 더 문제해결과 기획의 역량을 향상하는 데 도움이 될 것이기 때문이다. 이 책을 기반으로 한 온라인 교육과 오프라인 교육도 준비되어 있으니 책만으로 갈증 해결이 되지 않았다면 교육과정에 참가하여 심화 학습을 하는 것도 추천한다.

퇴근을 앞당기는
문제해결의 힘

초판 1쇄 발행 2018년 5월 21일
초판 2쇄 발행 2019년 7월 1일

지은이 최오성
기 획 브라이언 박
펴낸이 김혜은, 정필규
마케팅 정필규
편 집 김정웅
디자인 롬디

펴낸곳 피플벨류HS
출판등록 2017년 10월 11일 제 2017-000065호
주 소 (10084) 경기도 김포시 김포한강3로 290-13 한양수자인리버펠리스604-1002
문 의 010-3449-2136
팩 스 0504-365-2136
납품 이메일 haneunfeel@gmail.com
일반문의 이메일 pvhs0415@naver.com

ⓒ 최오성, 2018
ISBN 979-11-962126-1-2 03190
값 13,500원